PRODUCTIVIDAD 4.0: ABASTECIMIENTO Y COMPRAS IMPULSADOS POR INTELIGENCIA ARTIFICIAL GENERATIVA

SERIE 6: LOS PATRONES DE PROMPT.

© **Copyright 2024 - Todos los derechos reservados.**
El contenido de este libro está protegido por derechos de autor y no puede ser reproducido, duplicado o transmitido en cualquier forma o por cualquier medio, ya sea electrónico, mecánico, fotocopia, grabación u otros métodos, sin el permiso previo y por escrito del autor.
El editor y el autor no asumen ninguna responsabilidad legal por cualquier pérdida o daño, directo o indirecto, que pueda resultar del uso de la información contenida en este libro.

Aviso legal:
Este libro, o cualquier parte del mismo, no puede ser modificado, distribuido, vendido, utilizado, citado o parafraseado sin el consentimiento explícito del autor.

Aviso de exención de responsabilidad:
La información proporcionada en este libro se ofrece con fines educativos y empresariales únicamente. No se ofrece ninguna garantía expresa o implícita con respecto a la exactitud, integridad o idoneidad de la información para cualquier propósito específico. Los lectores reconocen que el autor no es un profesional en derecho, finanzas, medicina u otros campos, y no debe considerarse como tal. Se recomienda a los lectores que consulten a profesionales cualificados para obtener asesoramiento específico relacionado con sus circunstancias individuales.

Agradecimientos

Quiero expresar mi más sincero agradecimiento por dedicar tu tiempo a explorar "**Productividad 4.0: Abastecimiento y Compras impulsados por Inteligencia Artificial Generativa – Serie 6: Patrones de Prompt**". Como autor, es un honor dirigirme a profesionales del área de abastecimiento y compras, así como a aquellos involucrados en Supply Chain y logística.

Este libro ha sido diseñado específicamente para brindar herramientas y conocimientos prácticos que impulsen la eficiencia y productividad en estas áreas fundamentales de cualquier empresa. La Serie 5 forma parte de un conjunto de ediciones que, juntas, potencian el área de abastecimiento y compras, proporcionando una visión integral y empírica de cómo la inteligencia artificial generativa puede transformar y mejorar la gestión de inventarios, el control de compras y otras actividades clave.

En la **Sección 6:** ,nos enfocamos en la posibilidad de tener un asistente virtual disponible las 24 horas del día, los 7 días de la semana, que pueda responder tus preguntas, brindar información precisa y ayudarte a tomar decisiones informadas en tiempo real. Con el Chat GPT, esto es posible. Imagina la eficiencia y la productividad que podrías alcanzar al tener acceso a una herramienta tan poderosa.

Pero lo más poderoso de esta serie es mostrarte que son los patrones de prompt y cómo puedes utilizarlo en el dia a día en el área de abastecimiento, si utilizara una analogía:," te muestro con ejemplos como Pescar", de manera que lo puedes utilizar en tu entorno diario.

Aquí hay algunas razones por las que este libro te ayudará a aprovechar al máximo el potencial del Chat GPT:

1. Descubrirás los conceptos básicos necesarios sobre Chat GPT para avanzar con las otras series y poder implementar el Chat GPT en tu proceso de abastecimiento y compras, optimizando la comunicación y agilizando la toma de decisiones.

2. Profundizaremos en los conocimientos sobre el "prompt", desde su importancia en la interacción con la IA hasta cómo su uso adecuado puede potenciar la experiencia de compra. También abordaremos temas como el modelo de cero disparos y de varios disparos, explorando la Indicación de Cadena de Pensamiento y la necesidad de obligar al modelo a mencionar fuentes reales, así como la importancia de la temperatura y la afinación top-k en la interacción con la IA en el área de compra, entre otros temas aplicados a Abastecimiento y compras.

3. En este serie, el tema central serán los patrones de prompt y su aplicación al área de abastecimiento y compras, exploraremos cómo estas técnicas de inteligencia artificial generativa están siendo aplicadas con éxito en rl area, proporcionando herramientas prácticas y soluciones concretas para optimizar procesos, ganar productividad diaria, dejar de correr de atrás la innovación en el área. Con ejemplos reales y casos de estudio, aprenderás a aprovechar al máximo estas innovadoras estrategias para impulsar la eficiencia y el rendimiento en tu área de responsabilidad. ¡Prepárate para llevar tu gestión de compras al siguiente nivel con los patrones de prompt!

Quiero agradecerte nuevamente por tu interés en este libro y por confiar en él como una fuente de conocimiento y herramientas prácticas. Espero sinceramente que encuentres en estas páginas ideas y estrategias que puedas aplicar para mejorar tu trabajo diario y alcanzar tus objetivos profesionales. Tu opinión es sumamente importante para nosotros. Si tienes un momento, te agradecería que pudieras dejar una reseña compartiendo tu experiencia y destacando los aspectos que más te hayan ayudado. Esto ayudará a otros profesionales a descubrir y beneficiarse de este libro.

Una vez más, gracias por tu apoyo y confianza en "Productividad 4.0: Abastecimiento y Compras impulsados por Inteligencia Artificial Generativa – "Serie 6: Patrones de Prompt". Espero que este libro sea una herramienta valiosa para tu crecimiento y éxito en el área de abastecimiento y compras.

Saludos cordiales,

Miguel Garateguy

Índice

- CHATGPT 9
- MODELOS DE CHATGPT 11
- WEBSITE 15
- PLUS (GPT 4): 19
- QUE NO PUEDE HACER CHAT GPT3.5. 23
- ¿QUÉ SON LOS PARÁMETROS? 25
- QUÉ SON LOS "PROMPT" SU IMPORTANCIA EN LA INTERACCIÓN CON IA 31
- A INTRODUCCIÓN: 31
- BENEFICIOS DE UTILIZAR "PROMPTS" EN EL PROCESO DE COMPRA. 32
- PROMPT ABIERTO VS PROMPT CERRADO. 33
- FUNDAMENTOS DE ESCRITURA DE "PROMPT" 37
- ¿POR QUÉ SON CRUCIALES EN LA INTERACCIÓN CON IA? 38
- ESTRUCTURA BÁSICA DE UN "PROMPT" 39
- CONSIDERACIONES LINGÜÍSTICAS Y GRAMATICALES. 49
- TIPOS DE PROMPT. 55
- MODELO DE CERO DISPAROS Y DE VARIOS DISPAROS. 59
- LA INDICACIÓN DE CADENA DE PENSAMIENTO (TAMBIÉN CONOCIDA COMO COT). 63
- OBLIGAR AL MODELO A MENCIONAR LA FUENTE O FUENTES REALES. 65
- ALGUNOS CONOCIMIENTOS MÁS AVANZADOS SOBRE LOS PROMPT 68
- TEMPERATURA Y AFINACIÓN TOP-K 70
- VARIACIONES DE FRASE DE SÍNTESIS 73
- MODELADO DE RECOMPENSAS 75
- PRIMADO DE DOMINIO 77
- SUBMODELADO 79
- NEGACIÓN EXPLÍCITA 81
- INCITACIÓN SECUENCIAL 82
- EVALUACIÓN ITERATIVA DE RESPUESTAS 83
- INDICACIONES DE ESCENARIO HIPOTÉTICO 84

FEEDBACK POR COMPORTAMIENTO	84
BENCHMARKING Y PRUEBAS A/B	85
TRANSFERENCIA DE CONOCIMIENTO EN EL ABASTECIMIENTO Y COMPRAS	87
PLANTILLAS DE PROMPT CON IDEAS RÁPIDAS PARA GANAR PRODUCTIVIDAD.	88
GESTIÓN DEL TIEMPO	88
PRIORIZACIÓN DE TAREAS	92
RUTINAS DE TRABAJO	97
REDACCIÓN DE CORREO ELECTRÓNICO	103
CORREO ELECTRÓNICO PROFESIONAL PARA REPROGRAMACIÓN DE REUNIÓN CON VENDEDOR	106
PATRONES DE PROMPT	109
PATRONES Y EL CONTROL DEL COMPORTAMIENTO DEL MODELO	113
EL PATRÓN PERSONA	115
PATRÓN REFINAMIENTO DE PREGUNTAS	131
PATRÓN DE VERIFICADOR COGNITIVO	135
PATRÓN DE PERSONA DE LA AUDIENCIA	139
PATRÓN DE INTERACCIÓN INVERTIDO	145
PATRÓN DE POCOS DISPAROS	157
PATRÓN DE POCOS DISPAROS, CON PASOS INTERMEDIOS	174
EL MÉTODO REACT PROMPTING	186
ENCADENAMIENTO DE PENSAMIENTO	196
EL PATRÓN DE JUEGO	202
PATRÓN DE PLANTILLAS	230
PATRÓN DE CREACIÓN DEL METALENGUAJE	249
PATRÓN DE RECETAS	253
PATRÓN DE ENFOQUES ALTERNATIVOS	262
COMBINACIÓN DE PATRONES	288
ESQUEMA PATRÓN DE EXPANSIÓN	290
PATRÓN DE ACCIONES DEL MENÚ	306
PATRÓN DE LA LISTA DE COMPROBACIÓN DE HECHOS	311
PATRÓN DE FILTRO SEMÁNTICO	316

ChatGPT

ChatGPT es un modelo de lenguaje poderoso e innovador diseñado por OpenAI basado en la arquitectura GPT-3.5. Las capacidades de ChatGPT le permiten comprender y responder a la entrada de lenguaje natural de una manera muy similar a la conversación humana.

Una de las características clave de ChatGPT es su capacidad para generar respuestas de alta calidad a una amplia gama de indicaciones, desde preguntas simples hasta discusiones complejas sobre una amplia variedad de temas. Esto se logra a través de sus impresionantes capacidades de procesamiento del lenguaje natural (NLP), que le permiten analizar y comprender los patrones y estructuras del lenguaje humano, y generar respuestas apropiadas que sean contextualmente relevantes y lingüísticamente fluidas.

Además de sus capacidades de NLP, ChatGPT también es capaz de aprender y adaptarse a nuevas entradas de datos, lo que le permite mejorar continuamente su comprensión y respuestas a nuevos temas y conversaciones. Esto lo convierte en una herramienta increíblemente útil para una amplia gama de aplicaciones, desde el servicio al cliente y las interacciones con chatbots hasta la traducción de idiomas e incluso la escritura creativa.

En términos de cómo ChatGPT almacena información, el modelo utiliza una serie de mecanismos de atención para ponderar la importancia de diferentes partes de la secuencia de entrada. Esto permite que el modelo se centre en las partes más relevantes de la entrada al generar una respuesta.

Cabe señalar que ChatGPT no está conectado a Internet y, en ocasiones, puede producir respuestas incorrectas. Tiene un conocimiento limitado del mundo y los eventos posteriores a 2021 y también puede producir ocasionalmente instrucciones dañinas o contenido sesgado.

ChatGPT es un modelo de lenguaje poderoso que se basa en la arquitectura GPT (Generative Pre-trained Transformer). Esta arquitectura se utiliza ampliamente en el campo del procesamiento del lenguaje natural y ha sido responsable de muchos avances recientes en la generación y comprensión del lenguaje.

Hay varias versiones diferentes de la arquitectura GPT que se han desarrollado a lo largo de los años, cada una con sus propias características y capacidades únicas. Aquí hay algunos ejemplos:

- GPT-1: Esta fue la versión original de la arquitectura GPT, que fue introducida por OpenAI en 2018. Fue entrenado en un corpus masivo de datos de texto y podía generar texto coherente y gramaticalmente correcto, aunque su salida a veces era repetitiva y carecía de coherencia.

- GPT-2: Esta fue una versión significativamente más avanzada de la arquitectura GPT, que fue introducida por OpenAI en 2019. Fue entrenado en un corpus de datos de texto aún mayor y podía generar texto mucho más complejo y coherente. Sin embargo, también era más propenso a generar contenido sesgado u ofensivo, lo que provocó cierta controversia en torno a su lanzamiento.

- GPT-3: Esta es la versión más reciente y avanzada de la arquitectura GPT, que fue introducida por OpenAI en 2020. Fue entrenado en un corpus masivo de datos de texto y puede generar texto que a menudo es indistinguible del escrito por humanos. También incluye una amplia gama de tareas integradas, como traducción y resumen, lo que lo convierte en una herramienta versátil para una amplia gama de aplicaciones de NLP.

Además de los modelos GPT, hay varias otras arquitecturas y modelos relacionados que se han desarrollado en los últimos años, como BERT, XLNet y T5. Estos modelos tienen sus propias fortalezas y debilidades, y a menudo se utilizan en combinación entre sí para lograr los mejores resultados posibles.

En general, los diferentes modelos utilizados por ChatGPT y otros modelos de lenguaje representan un paso adelante significativo en el campo del procesamiento del lenguaje natural, y tienen el potencial de revolucionar la forma en que interactuamos y comprendemos el lenguaje humano.

Modelos de ChatGPT

ChatGPT ofrece a los usuarios un conjunto de modelos para elegir al generar una respuesta: GPT-3.5 (predeterminado), GPT-3.5 (legado) y GPT-4. ChatGPT considera tres factores clave al seleccionar un modelo para una tarea específica: razonamiento, velocidad y conciencia.

Razonamiento se refiere a la capacidad del modelo para comprender y responder a indicaciones y preguntas complejas. GPT-4 tiene la capacidad de razonamiento más alta de los tres modelos, seguido de GPT-3.5 (predeterminado) y GPT-3.5 (legado).

Velocidad se refiere a la capacidad del modelo para generar respuestas rápidamente. GPT-3.5 (predeterminado) es el modelo más rápido, seguido de GPT-4 y GPT-3.5 (legado).

Conciencia se refiere a la capacidad del modelo de ser consciente de sí mismo y de su entorno. GPT-4 tiene la capacidad de conciencia más alta de los tres modelos, seguido de GPT-3.5 (predeterminado) y GPT-3.5 (legado).

ChatGPT seleccionará el modelo que mejor se adapte a la tarea específica en cuestión, teniendo en cuenta los tres factores de razonamiento, velocidad y conciencia. Por ejemplo, si el usuario hace una pregunta compleja que requiere mucho razonamiento, ChatGPT probablemente seleccionará GPT-4. Si el usuario hace una pregunta simple que no requiere mucho razonamiento, ChatGPT probablemente seleccionará GPT-3.5 (predeterminado). Y si el usuario está generando contenido creativo, ChatGPT probablemente seleccionará GPT-4 debido a su mayor capacidad de conciencia.

Aquí hay una tabla que resume los tres factores para cada modelo:

Modelo	Razonamiento	Velocidad	Conciencia
GPT-4	Alto	Medio	Alto
GPT-3.5 (predeterminado)	Medio	Alto	Medio
GPT-3.5 (legado)	Bajo	Medio	Bajo

Es importante tener en cuenta que estas son solo pautas generales. ChatGPT puede seleccionar un modelo diferente según la tarea específica y las preferencias del usuario.

Puntos adicionales:

- Se utiliza la palabra "prompt" para referirse a una indicación o pregunta. En español, se podría usar la palabra **"indicación" o "pregunta"**.

- Se utiliza la palabra "legacy" para referirse a la versión anterior de un modelo. En español, se podría usar la palabra "antiguo" o "legado".

En términos de modelos, **el GPT-3.5 predeterminado es el modelo más rápido.** Sin embargo, el modelo **GPT-4** tiene un **mayor nivel de razonamiento** y conciencia.

Razonamiento: Se refiere a la capacidad del modelo para comprender y procesar relaciones y patrones complejos en el lenguaje. Un modelo con fuertes capacidades de razonamiento es capaz de identificar y conectar ideas a través de diferentes oraciones y párrafos, y puede generar texto que sea contextualmente relevante y coherente. Esto es especialmente importante para tareas como la comprensión del lenguaje natural y la generación de diálogos.

Velocidad: Se refiere a la velocidad y eficiencia de procesamiento del modelo, lo cual es importante para aplicaciones que requieren respuestas en tiempo real o casi en tiempo real, como chatbots o asistentes de voz. Un modelo que es capaz de generar respuestas de forma rápida y precisa puede mejorar la experiencia del usuario y hacer que la interacción sea más fluida y natural.

Conciencia: Se refiere a la capacidad del modelo para comprender y generar texto que sea apropiado y sensible a las consideraciones culturales, sociales y éticas. Un modelo que es consciente de estos factores es capaz de generar texto que sea inclusivo, respetuoso y sin prejuicios, y puede evitar generar contenido que sea ofensivo o dañino.

Selección del modelo adecuado

La elección del modelo adecuado dependerá de la tarea específica que se quiera realizar y de las prioridades del usuario. Si la velocidad es primordial, entonces el GPT-3.5 predeterminado es la mejor opción. Sin embargo, si el razonamiento y la conciencia son más importantes, entonces el GPT-4 es la mejor opción.

Aquí hay algunos ejemplos de cuándo se podría usar cada modelo:

- GPT-3.5 predeterminado:
    - Chatbots de servicio al cliente
    - Traductores de idiomas
    - Generadores de resúmenes
- GPT-4:
    - Generación de diálogos para películas y videojuegos
    - Escritos creativos, como poesía y ficción
    - Herramientas de investigación y análisis

Es importante tener en cuenta que estos son solo ejemplos generales. El mejor modelo para una tarea específica puede variar dependiendo de las circunstancias.

Website

ChatGPT se puede acceder a través del siguiente enlace: https://chat.openai.com/: https://chat.openai.com/

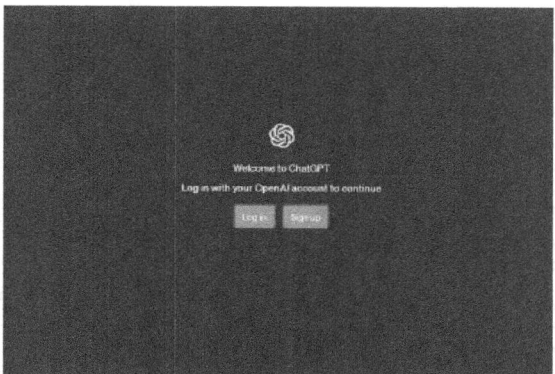

Este enlace te llevará a un sitio web que se parece a la siguiente imagen:

El sitio web te pedirá que te registres o inicies sesión. Si no tienes una cuenta, puedes crear una haciendo clic en el botón "Sign Up". Una vez que tengas una cuenta, podrás iniciar sesión y comenzar a usar ChatGPT.

Para registrarte en ChatGPT, haz clic en el botón "Sign Up". Se te abrirá un formulario que debes completar con tu información personal, incluyendo tu nombre, correo electrónico y contraseña. Una vez que hayas completado el formulario, haz clic en el botón "Create Account".

Opcino ingresar con tu cuenta de Gmail:

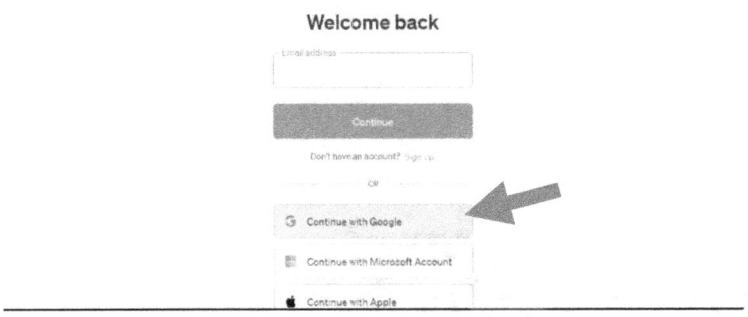

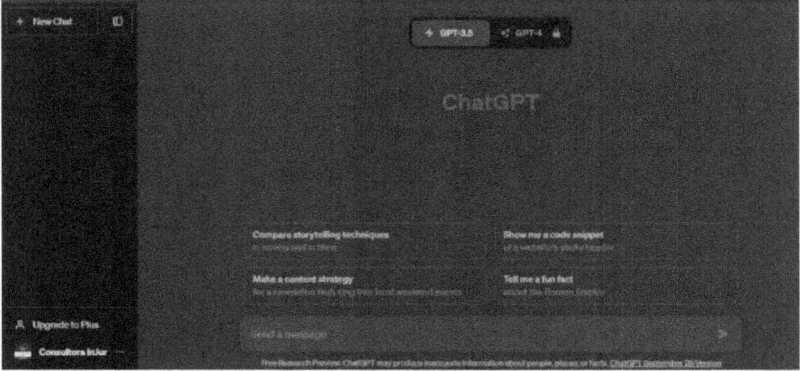

Imagen que muestra el sitio web de ChatGPT. Un usuario tiene acceso a un menú desplegable con los modelos en la parte superior central.

El texto describe una imagen del sitio web de ChatGPT que muestra una página web con una barra de búsqueda en la parte superior y un cuadro de texto en la parte inferior. En el centro de la parte superior, hay un menú desplegable con los modelos disponibles.
El texto también menciona que el usuario tiene acceso al menú desplegable de modelos, lo que significa que puede seleccionar el modelo que mejor se adapte a sus necesidades.

Todavía no vamos a generar indicaciones, pero sí repasaremos las diferentes configuraciones a las que tenemos acceso en su sitio web. En primer lugar, en la parte superior central podemos ver dos botones que nos permiten elegir entre dos versiones de ChatGPT

En la parte superior izquierda, debería haber un espacio que diga "crear un nuevo chat". Debajo del nuevo chat, debería haber un historial de todas tus interacciones anteriores con ChatGPT. Esta es una de las características más sorprendentes de ChatGPT: su capacidad para recordar interacciones anteriores.

Una de las características únicas de ChatGPT es que puede recordar conversaciones. Puedes interactuar con una conversación anterior con el lápiz que hay junto al historial de chats. Puedes eliminar una conversación anterior haciendo clic en la papelera que hay junto a ella y luego confirmando. Si quieres generar una conversación completamente nueva, puedes

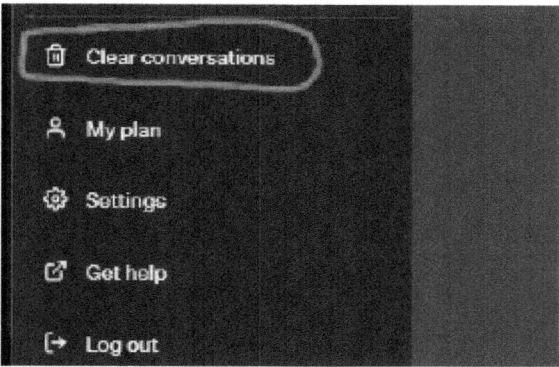

hacer clic en el botón "nuevo chat". También puedes borrar todas las conversaciones con el botón "borrar conversaciones" situado en la parte inferior izquierda.

Ten en cuenta que la configuración de la parte inferior izquierda puede variar ligeramente si tienes una suscripción a ChatGPT.

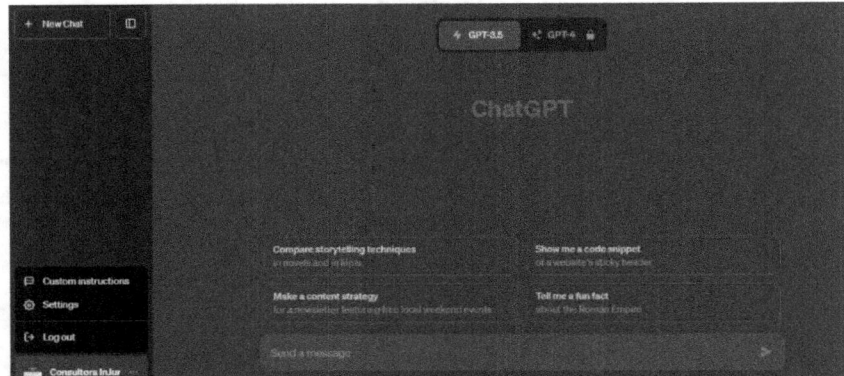

Plus (GPT 4):

ChatGPT 4, sus características distintivas y las ventajas que ofrece sobre su predecesor.

Definición de ChatGPT 4:
ChatGPT 4 es la última versión de la familia de modelos de lenguaje generativo desarrollados por OpenAI.
Se trata de una inteligencia artificial avanzada diseñada para comprender y generar texto de manera coherente y contextual en conversaciones.

Mejoras respecto a ChatGPT 3.5:
Capacidad de contexto mejorada: ChatGPT 4 ha experimentado mejoras significativas en la comprensión del contexto, permitiendo respuestas más precisas y coherentes.

Reducción de respuestas inapropiadas: Se ha trabajado en minimizar respuestas incorrectas o irrelevantes, ofreciendo resultados más confiables y útiles.

Mayor capacidad de procesamiento: ChatGPT 4 cuenta con una mayor capacidad de procesamiento, lo que se traduce en respuestas más rápidas y eficientes.

3. Ventajas de ChatGPT 4 en el ámbito empresarial
Soporte técnico avanzado: Empresas pueden implementar ChatGPT 4 para proporcionar asistencia técnica personalizada y resolver problemas de los clientes de manera más eficiente.
Generación de contenido especializado: En la redacción de informes, documentos legales o incluso desarrollo de contenido educativo, ChatGPT 4 puede ofrecer redacciones especializadas y de calidad.

Colaboración empresarial: Facilita la comunicación entre equipos, ayudando en la generación de ideas, resolución de problemas y colaboración en proyectos.

Entrenamiento de empleados: Puede ser utilizado para crear materiales de formación personalizados y responder preguntas frecuentes de los empleados.

4. **Ejemplos de uso en el ámbito empresarial:**
Optimización de procesos internos: ChatGPT 4 puede ser empleado para analizar datos y proponer mejoras en los procesos internos de la empresa.

Asesoramiento en toma de decisiones: Ayuda en la toma de decisiones estratégicas proporcionando análisis de datos y perspectivas contextuales.

Generación de informes financieros: Facilita la creación de informes financieros detallados y comprensibles para los interesados en el ámbito empresarial

Pasos para abrir una cuenta en ChatGPT 4:

1. Registrarse en OpenAI:
- Accede a la página web de OpenAI: https://openai.com/

- Haz clic en el botón "Sign Up" en la esquina superior derecha.

- Introduce tu dirección de correo electrónico y crea una contraseña segura.

- Acepta los términos de servicio y la política de privacidad.

- Haz clic en el botón "Create Account".

2. Verificar tu cuenta:

- OpenAI te enviará un correo electrónico de verificación.
- Abre tu correo electrónico y haz clic en el enlace de verificación.
- Si no has recibido el correo electrónico, revisa tu carpeta de spam o correo no deseado.

3. Seleccionar un plan:
- OpenAI ofrece dos planes para ChatGPT 4:
    - **Gratuito:** Te permite usar ChatGPT 4 de forma limitada, con un límite de tokens por mes.
    - **De pago:** Ofrece acceso completo a ChatGPT 4, sin límite de tokens.
- Elige el plan que mejor se adapte a tus necesidades.

4. Completar tu perfil:
- Introduce tu nombre completo y tu número de teléfono.
- Puedes agregar una foto de perfil si lo deseas.

5. ¡Ya estás listo para usar ChatGPT 4!:
- Accede al panel de control de OpenAI: https://beta.openai.com/
- Haz clic en el botón "ChatGPT" en el menú de la izquierda.
- Introduce tu consulta o pregunta en el cuadro de texto.
- Haz clic en el botón "Enviar" para iniciar la conversación.

Consejos adicionales:
- Si tienes problemas para registrarte, puedes contactar con el servicio de atención al cliente de OpenAI.

- Puedes encontrar más información sobre ChatGPT 4 en la página web de OpenAI: https://openai.com/blog/chatgpt/

Recursos adicionales:
- **Video tutorial:** https://www.youtube.com/watch?v=E8Rb-8ZTMYU

Que no puede hacer CHAT GPT3.5.

ChatGPT aún tiene ciertas limitaciones. A pesar de su capacidad para generar respuestas coherentes y contextualmente relevantes, no puede predecir el futuro ni proporcionar información actualizada posterior a septiembre de 2021. Además, no puede comprender ni interpretar imágenes, vídeos o contenido no textual. Del mismo modo, carece de habilidades emocionales y empatía genuina, ya que es una IA y no un ser humano. Por último, ChatGPT no puede garantizar la exactitud de todas sus respuestas, y en ocasiones puede ofrecer información incorrecta o desactualizada, por lo que es esencial verificar la información proporcionada con fuentes fiables antes de tomar decisiones basadas en sus respuestas.

1) ***Escribir una reflexión personal:*** *"Describe cómo el contenido que cubrimos en este curso de inteligencia artificial cambio tu forma de pensar sobre el rol como instructor actual/futuro."*

2) **Escribir sobre cosas que pasaron posterior a setiembre 2021:** La versión gratuita de ChatGPT-3.5 no está conectada a Internet, no aprende de los eventos actuales ni de ningún contenido posterior a 2021. La versión ChatGPT-4.0 plus ahora permite la conexión a Internet a través de Bing y otros plugins.

3) **Proporcionar respuestas no basadas en texto**: Por ejemplo: "Diseñar una infografía, un mapa

interactivo de Google, un vídeo estilo TikTok, un meme, una línea de tiempo multimodal."

ChatGPT no genera representaciones visuales, pero puede ayudar a escribir un guion para un podcast o vídeo y generar texto para incluir en una infografía, meme, póster, línea de tiempo, etc. Además, ChatGPT es capaz de generar código y reutilizarlo en herramientas externas para facilitar la creación de representaciones visuales.

4) **Hacer predicciones sobre eventos futuros**: "Predice quién será el nuevo campeón de la Liga de Campeones."

5) **Establecer conexiones con el contenido de un texto** (solicitud de pedido) y **los materiales visuales** (imagen de la hoja técnica de una válvula).

6) **Proveer referencia bibliográfica:** para compensar las lagunas de conocimiento (por ejemplo, la falta de datos de entrenamiento para extraer información), ChatGPT proporcionará una respuesta lo mejor que pueda (a menudo inventada) en lugar de decir "error" o "no se puede calcular".

Es importante revisar y validar este tipo de información.

¿Qué son los Parámetros?

Los parámetros son la configuración que dicta cómo ChatGPT genera texto. Piense en ellos como palancas que puede hacer para ajustar la salida de la IA, ayudándole a crear contenido que coincida con su estilo, tono y creatividad deseados.
Los parámetros clave que discutiremos son temperatura, tokens máximos y diversidad_ penalidad.

1). Temperatura
El parámetro de temperatura controla la aleatoriedad del texto generado por ChatGPT.
El texto generado con una temperatura más baja será más enfocado y conservador, mientras que el texto generado con una temperatura más alta será más creativo y variado.

La temperatura varía de 0 a 1.
Aquí hay un desglose rápido de cómo funciona:
- Temperatura baja (0 a 0.3): Productos más centrados, coherentes y conservadores.
- Temperatura media (0.3 a 0.7): Creatividad equilibrada y coherencia.
- Temperatura alta (0.7 a 1): Altamente creativo y diverso, pero potencialmente menos coherente

2. Diversidad penalidad
Diversity_penalty se asegura de que el texto que se genera se varíe al dar una penalización a los tokens que ya se han utilizado en la respuesta.
Varía de 0 a 2, con valores más altos que resultan en una salida más diversa.

- **Baja diversidad penalidad (0):** No se aplica penalización; puede tener frases repetitivas.
- **Diversidad media penalidad (1):** Diversidad y coherencia equilibradas.
- **Alta diversidad penalidad (2):** Máxima diversidad, puede afectar la coherencia.

3. Máximas fichas

Los tokens máximos determinan la longitud máxima del texto generado. Al establecer un límite, puede controlar cuánto dice la IA, asegurándose de que no dé una respuesta demasiado larga. Ahora que entendemos los parámetros, vamos a sumergirnos en cómo usarlos en varios escenarios de redacción y escritura UX(UX es un acrónimo que proviene del término inglés User Experience, que significa experiencia de usuario).

Crear un Blog o Artículos para publicar

Al crear una publicación de blog, desea un buen equilibrio entre la creatividad y la coherencia para mantener a sus lectores comprometidos.
Para lograr esto, puede experimentar con la siguiente configuración de parámetros:

Temperatura: 0.5 A 0.7 para un equilibrio entre creatividad y coherencia.

Diversidad penalidad: 1 para garantizar una salida diversa sin comprometer la legibilidad.

Máximas fichas: Establezca de acuerdo con el recuento o límite de palabras deseado para mantener las respuestas concisas.

Correo electrónico
, la claridad y la concisión son clave. Desea captar la atención de sus lectores y comunicar su mensaje de manera efectiva.
Pruebe esta configuración:

Temperatura: 0,3 a 0,5 para salidas enfocadas y coherentes.

Diversidad_penalidad: 0.5 A 1 para evitar la repetición mientras se mantiene la legibilidad.

Máximas fichas: Establezca de acuerdo con la longitud deseada de su contenido de correo electrónico.

Escritura formal de negocios
En un entorno empresarial, debe transmitir su mensaje de manera clara y profesional.
Para lograr esto, opte por los siguientes parámetros:

Temperatura: 0.2 A 0.4 para resultados enfocados, coherentes y conservadores.

Diversidad_penalidad: 0 A 1 para una diversidad equilibrada sin afectar a la legibilidad.

Máximas fichas: Establezca un límite basado en la longitud deseada de su documento comercial.

Al comprender y ajustar la temperatura, la diversidad penalidad y los tokens máximos, puede generar texto que logre el equilibrio correcto entre creatividad, coherencia y longitud para varios escenarios de redacción y escritura UX.

Cómo puede formular su solicitud de parámetros ej:

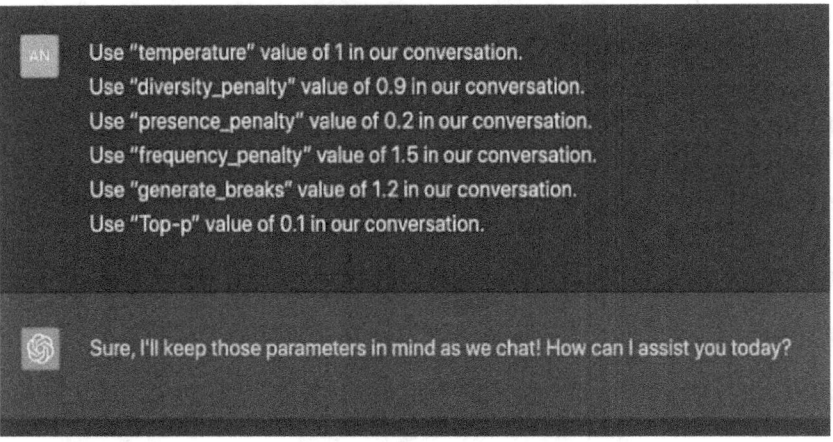

Parámetros Principales:
Temperatura (0 a 1): Controla la aleatoriedad y la creatividad del texto generado. Cuando los valores son bajos, las salidas están más enfocadas, mientras que cuando los valores son altos, el texto es más variado y creativo.

Diversity_penalty (0 a 2): Las fichas que ya se han utilizado en la respuesta son penalizadas, asegurándose de que la producción sea variada. Los valores más altos conducen a un texto más diverso, mientras que los valores más bajos pueden tener frases más repetitivas.

Tokens máximos (entero positivo): Establece la longitud máxima del texto que se hará, que controla cuánto texto se hará. Establezca un límite basado en el recuento deseado de palabras o caracteres.

Top_p (0–1): Establece el límite de masa de probabilidad para el muestreo de tokens, afectando la amplitud de opciones que la IA considera. Los valores más altos conducen a una mayor aleatoriedad, mientras que los valores más bajos dan como resultado salidas más enfocadas.

Frecuencia penalidad (-2 a 2): Penaliza los tokens que ocurren con frecuencia en el texto generado, alentando a la IA a usar palabras menos comunes. Los valores positivos promueven palabras más raras, mientras que los valores negativos permiten un lenguaje más común.

Presencia penalidad (-2 a 2): Da una penalización a los tokens que ya se han utilizado en la entrada. Esto afecta la frecuencia con la que la IA repite frases de la entrada. Los valores positivos desalientan la repetición, mientras que los valores negativos pueden dar como resultado el eco del texto de entrada

Parámetros Secundarios:
Best_of (entero positivo): Genera un número específico de respuestas y devuelve el que tiene la puntuación más alta según la evaluación interna del modelo. Útil para seleccionar una salida de alta calidad entre múltiples alternativas.

N (entero positivo): Determina el número de finalizaciones alternativas para generar para una entrada dada. Se puede usar para explorar múltiples ideas o variaciones para un mensaje.

Eco (booleano: verdadero o falso): Permite o deshabilita la capacidad de la IA para hacer eco de partes de la entrada en la respuesta. Cuando se establece en verdadero, es más probable que el modelo incluya frases de la entrada en el texto generado.

Stop_sequences (lista de cadenas): Especifica una lista de cadenas que, cuando la IA las encuentre, detendrá la generación de texto. Esto puede ser útil para controlar el contenido o la estructura del texto generado.

User_attributes (lista de pares clave-valor): Le permite proporcionar información adicional sobre el usuario, que puede ser utilizada por la IA para adaptar el texto generado de acuerdo con las preferencias del usuario, la demografía u otras características.

System_level_settings (diccionario): Ofrece opciones avanzadas para ajustar el comportamiento de la IA, como cambiar la memoria interna del modelo, la velocidad de procesamiento o el uso de recursos.

Prompt_tokens (lista de cadenas tokenizadas): Le permite proporcionar directamente entrada tokenizada a la IA, lo que puede ser útil para trabajar con entrada sin texto o para optimizar el rendimiento mediante la pre-tokenización de secuencias de entrada largas.

Tenga en cuenta que estos parámetros pueden tener diferentes efectos dependiendo de la versión de ChatGPT que esté utilizando o la implementación específica del modelo de IA

Qué son los "prompt" su importancia en la interacción con IA

A Introducción:

La eficiencia y la toma de decisiones informadas son cruciales. Para impulsar estas áreas, la inteligencia artificial (IA) se ha convertido en un recurso valioso. Pero, ¿cómo pueden los profesionales de compras y abastecimiento interactuar efectivamente con sistemas de IA para lograr sus objetivos? La respuesta radica en la creación y utilización de "prompts."
Para comprender el papel de los "prompts" en la interacción con sistemas de IA en compras y abastecimiento, primero debemos definir qué son.
Un "prompt" es un conjunto de instrucciones, preguntas o comandos dados a un sistema de IA, como ChatGPT, para solicitar una respuesta específica o llevar a cabo una acción. En otras palabras, es la forma en que nos comunicamos con la IA para obtener información, recomendaciones o soluciones.
La razón por la que los "prompts" son vitales radica en su capacidad para orientar la conversación y obtener respuestas precisas. La IA no es un ser humano y no puede adivinar lo que necesitamos. En cambio, depende de las pistas que le proporcionamos a través de nuestros "prompts." Al crear "prompts" efectivos, podemos:

- Obtener respuestas relevantes y específicas a nuestras preguntas.

- Asegurarnos de que la IA realice tareas deseadas, como el análisis de datos o la generación de informes.

- Ahorrar tiempo y esfuerzo al evitar malentendidos o respuestas irrelevantes.

En compras y abastecimiento, donde los datos son abundantes y la toma de decisiones es crítica, el uso adecuado de "prompts" puede marcar la diferencia en la eficiencia y la calidad de las decisiones.

Beneficios de utilizar "Prompts" en el proceso de compra.

La aplicación efectiva de "prompts" en el proceso de compras y abastecimiento ofrece numerosos beneficios:

- **Ahorro de Tiempo:** Los "prompts" permiten obtener respuestas rápidas y precisas de la IA, lo que acelera la toma de decisiones y la ejecución de tareas.
- **Mejora de la Eficiencia:** Al dirigir la IA de manera específica a través de "prompts," se pueden automatizar tareas repetitivas, como la evaluación de proveedores o el seguimiento de inventario.
- **Toma de Decisiones Informadas:** Los "prompts" ayudan a recopilar y analizar datos de manera más efectiva, lo que facilita la toma de decisiones basadas en evidencia.
- **Personalización:** La capacidad de crear "prompts" personalizados permite adaptar la IA a las necesidades específicas de compras y abastecimiento.

A medida que avanzamos en esta lección, aprenderemos a construir "prompts" efectivos que aprovechen al máximo la IA en compras y abastecimiento. Estas habilidades se convertirán en herramientas poderosas para los profesionales de adquisiciones en su búsqueda de la excelencia y la eficiencia en este campo en constante evolución.

Prompt abierto Vs Prompt Cerrado.

Un prompt abierto es una indicación, pregunta o declaración que da a un modelo de inteligencia artificial generativa, como ChatGPT, Bard o Bing, un amplio margen de maniobra para generar un texto creativo o informativo. Por ejemplo, un prompt abierto podría ser "Escribe una historia sobre un gato que viaja por el mundo".

Un prompt cerrado es una indicación, pregunta o declaración que da a un modelo de inteligencia artificial generativa, como ChatGPT, Bard o Bing, requisitos específicos que deben cumplirse para generar un texto. Por ejemplo, un prompt cerrado podría ser "Escribe un poema de 10 versos sobre el amor".

La principal diferencia entre un prompt abierto y uno cerrado es el grado de libertad que se da al modelo para generar un texto. Un prompt abierto da al modelo un amplio margen de maniobra para generar un texto creativo, mientras que un prompt cerrado da al modelo requisitos específicos que deben cumplirse para generar un texto.

- Prompt abiertos:
  - Escribe un plan de compras para un nuevo producto.
  - Escribe un informe sobre las tendencias del mercado de compras.
  - Escribe un análisis de la competencia en el mercado de compras.
- Prompt cerrados:
  - Escribe un plan de compras para un nuevo producto de 500 palabras.
  - Escribe un informe sobre las tendencias del mercado de compras de 10 páginas.
  - Escribe un análisis de la competencia en el mercado de compras de 10 puntos.

Aquí hay algunos ejemplos adicionales de prompt que podrían ser útiles para el área de compras:

- Escribe una lista de proveedores potenciales para un nuevo producto.
- Escribe una cotización para un nuevo producto de un proveedor potencial.
- Escribe un contrato de compra para un nuevo producto.
- Escribe una presentación para un nuevo producto a la gerencia.
- Escribe un informe de satisfacción del cliente para un producto existente

Ejemplo simple, como CHAT GPT Ayudo a un comprador a obtener la especificación de un artículo que necesitaba comprar y no tenía la especificación:

Consulta al ChatGPT para Obtener Especificaciones de Cartuchos de Tinta HP

Paso 1: Inicio de la Conversación con ChatGPT
Comprador: Hola, ChatGPT. Necesito obtener las especificaciones de los cartuchos de tinta para nuestra impresora HP en la oficina. No tengo los detalles exactos. ¿Puedes ayudarme a descubrir la información que me falta?
ChatGPT: Claro, estaré encantado de ayudarte a obtener esa información. Para hacerlo de manera efectiva, ¿puedes proporcionarme el modelo de la impresora HP? Eso me permitirá buscar detalles precisos.

Paso 2: Proporcionando el Modelo de la Impresora
Comprador: Gracias por tu ayuda. El modelo de la impresora HP es "LaserJet Pro MFP M281fdw."
ChatGPT: Excelente. Ahora, necesito distinguir entre cartuchos de tinta de color y blanco y negro. ¿Cuáles de los dos te gustaría obtener primero?
Comprador: Comencemos con los cartuchos de tinta de color.

Paso 3: Consultando a ChatGPT con un Prompt
Comprador: Por favor, proporciona detalles sobre los cartuchos de tinta de color compatibles con la impresora "HP LaserJet Pro MFP M281fdw." Incluye información sobre el número de modelo, capacidad, tipos de tinta y cualquier otro detalle relevante.
ChatGPT: Entendido. A continuación, te proporcionaré información sobre los cartuchos de tinta de color compatibles con la impresora HP que mencionaste.

Paso 4: Respuesta de ChatGPT con Especificaciones de Cartuchos de Tinta de Color
ChatGPT: Aquí están las especificaciones de los cartuchos de tinta de color compatibles con la impresora HP LaserJet Pro MFP M281fdw:

- **Modelo del Cartucho de Tinta de Color**: HP 202X (CF500X)
- **Capacidad**: Aproximadamente 3,200 páginas por cartucho
- **Tipo de Tinta**: Tinta de pigmento
- **Colores Disponibles**: Negro, cian, magenta y amarillo

Paso 5: Continuación de la Consulta
Comprador: ¡Gracias! Ahora necesito información sobre los cartuchos de tinta en blanco y negro. Por favor, proporciona detalles similares para los cartuchos de tinta en blanco y negro compatibles con la impresora HP LaserJet Pro MFP M281fdw.
ChatGPT: Por supuesto, aquí tienes las especificaciones de los cartuchos de tinta en blanco y negro:
- **Modelo del Cartucho de Tinta en Blanco y Negro**: HP 202X (CF500X)
- **Capacidad**: Aproximadamente 3,200 páginas por cartucho
- **Tipo de Tinta**: Tinta de pigmento
- **Color**: Negro

Paso 6: Agradecimiento y Conclusión
Comprador: Gracias por proporcionarme esta información. Ahora puedo enviar los detalles completos al proveedor para solicitar una cotización. Esta información me ha sido de gran ayuda.
ChatGPT: Estoy encantado de haberte ayudado. Si necesitas más información o asistencia en el futuro, no dudes en preguntar. ¡Buena suerte con tu compra

Fundamentos de escritura de "prompt"

- ✓ Estructura básica de un "prompt."
- ✓ Claridad y concisión en la escritura de "prompts."
- ✓ Consideraciones lingüísticas y gramaticales.
- ✓ Temas adicionales sobre prompt

Los "prompts" son la clave para lograr el potencial de los modelos de lenguaje, como ChatGPT, para obtener respuestas específicas y útiles. Son las instrucciones que le proporcionamos a la inteligencia artificial para guiar su generación de texto. Es como la conversación que establecemos con un asistente virtual, y la calidad de esta conversación depende en gran medida de la forma en que redactamos nuestros "prompts." En esta lección, nos sumergiremos en los cimientos de la escritura de "prompts," desglosando la estructura básica, enfatizando la importancia de la claridad y la concisión, y explorando las consideraciones lingüísticas y gramaticales que marcan la diferencia entre un "prompt" efectivo y uno que puede llevar a respuestas imprecisas o irrelevantes.

Al comprender estos fundamentos, podrás aprovechar al máximo la potencia de la inteligencia artificial en el ámbito de compras y abastecimiento, mejorando la eficiencia y la productividad en tus interacciones con ChatGPT.

Los prompt son las instrucciones, las preguntas, las solicitudes o frases que un usuario envía a una IA para obtener una respuesta específica. Puedes considerar un "prompt" como el mensaje inicial en una conversación con una IA, donde planteas tus necesidades o inquietudes. Los "prompts" son el lenguaje que utilizas para comunicarte con estas máquinas cada vez más inteligentes.

¿Por qué son Cruciales en la Interacción con IA?

Los "prompts" son cruciales en la interacción con la IA por varias razones fundamentales:

1. **Dirección y Contexto**: Los "prompts" proporcionan dirección a la IA. Le dicen a la máquina qué es lo que estás buscando o preguntando. Sin un "prompt" claro, la IA estaría adivinando tus intenciones, lo que podría llevar a respuestas incoherentes o irrelevantes.

2. **Personalización**: Los "prompts" permiten personalizar la interacción con la IA. Puedes adaptar tus solicitudes para obtener respuestas específicas que se ajusten a tu situación o necesidades.

3. **Eficiencia y Productividad**: Con un "prompt" efectivo, puedes obtener respuestas precisas y rápidas de la IA. Esto mejora la eficiencia y la productividad en tareas que van desde la búsqueda de información hasta la creación de contenido.

4. **Optimización de Resultados**: Saber cómo construir un buen "prompt" te ayuda a obtener mejores resultados. Una IA puede tener el conocimiento, pero tú guías cómo se presenta ese conocimiento a través de un "prompt" bien formulado.

Minimización de Errores: Los "prompts" bien diseñados reducen las posibilidades de malentendidos o respuestas incorrectas. Ayudan a evitar confusiones en la comunicación con la IA..

Estructura Básica de un "Prompt"

Los "prompts" son las instrucciones o preguntas que le proporcionas a una inteligencia artificial como ChatGPT para obtener respuestas específicas. La forma en que estructuras un "prompt" puede marcar la diferencia entre una respuesta útil y una confusa. En esta lección, exploraremos los elementos clave que componen un buen "prompt" y cómo utilizarlos para lograr resultados efectivos.

ELEMENTOS FUNDAMENTALES DE UN "PROMPT":

1. *Clasificación del Modelo:* Específica el tipo de modelo o tarea que deseas. Por ejemplo, si deseas una descripción general de un producto o una respuesta en un formato de lista. Esto ayuda a la IA a comprender tus intenciones.

   Ej: Generación de Texto Creativo:

Supongamos que deseas que un modelo de IA te ayude a crear una historia corta con un toque de misterio y suspenso. Tu "prompt" podría clasificarse de la siguiente manera:

[Generación de Texto Creativo] : Prompt
Crea una historia corta ambientada en un bosque oscuro. Haz que el protagonista descubra algo inusual y mantén la tensión hasta el final. La historia debe tener al menos 500 palabras.

En este caso, has clasificado claramente el <u>modelo como uno de generación de texto creativo y proporcionado instrucciones específicas</u> sobre lo que deseas. Esto ayuda a la IA a entender tus intenciones y a producir una historia que cumpla con tus criterios.

Este es solo un ejemplo, y las clasificaciones pueden variar según tus necesidades y objetivos. La clave es indicar claramente el tipo de tarea que deseas que realice la IA

Otro Ejemplo

Ejemplo 2: Análisis de Precios de Proveedores
Supongamos que deseas utilizar un modelo de IA para analizar y comparar los precios de varios proveedores para un conjunto de productos que tu empresa necesita comprar. Tu "prompt" podría clasificarse de la siguiente manera:

Prompt:
Analiza las cotizaciones de tres proveedores diferentes para los siguientes productos: papel de oficina, cartuchos de tinta y equipos de oficina. Calcula el costo total de cada proveedor y resalta al proveedor con la oferta más económica para cada producto.

En este caso, has clasificado el modelo como uno de "Análisis de Precios de Proveedores" y proporcionado instrucciones claras sobre la tarea que debe realizar. Esto ayudará a la IA a procesar la información de los proveedores y presentarte una comparación de precios detallada.

2. *Contexto*: Proporcionar un contexto claro es esencial. Define lo que ya has dicho o establece las condiciones iniciales para evitar ambigüedades.

   Contexto: Imagina que eres un jefe de compras en una empresa que necesita abastecerse de suministros de oficina regularmente. Quieres usar la inteligencia artificial para agilizar este proceso y obtener cotizaciones más precisas de tus proveedores habituales. Vas a interactuar con un modelo de lenguaje AI, en este caso, ChatGPT, para redactar un "prompt" claro y conciso que te ayude a solicitar cotizaciones eficientemente

   Otro ejemplo:
   Contexto: Imagina que eres un comprador de una cadena de restaurantes y deseas utilizar la inteligencia artificial para facilitar el proceso de compra de alimentos y suministros para tus establecimientos. Vas a interactuar con un modelo de lenguaje AI para solicitar cotizaciones para productos específicos. El contexto incluye el hecho de que trabajas en la industria de restaurantes y buscas productos relacionados con alimentos y suministros de cocina.

   Ejemplo de "prompt" con contexto:
   "Como comprador de una cadena de restaurantes, necesito cotizaciones para los siguientes productos que serán utilizados en nuestras cocinas:

1. Pollo: 500 kg de pechugas de pollo frescas, preferiblemente de origen local.
2. Aceite de cocina: 50 litros de aceite de canola para freír.
3. Tomates: 200 kg de tomates maduros para salsas.
4. Papel de aluminio: 10 rollos de papel de aluminio resistente para envolver alimentos.

Agradecería recibir información detallada sobre los precios, la disponibilidad y las opciones de entrega. Nuestros restaurantes están ubicados en todo el país, por lo que consideraremos proveedores que puedan atender múltiples ubicaciones. Por favor, asegúrate de proporcionar detalles específicos y ofertas competitivas. Gracias."

En este ejemplo, el "prompt" incluye contexto al mencionar que el comprador trabaja para una cadena de restaurantes y solicita cotizaciones para productos alimenticios y de cocina específicos. El contexto es fundamental para que el modelo de lenguaje AI comprenda mejor las necesidades del comprador y ofrezca respuestas más relevantes y precisas.

3. ***Instrucciones Claras***: Sé preciso en tus instrucciones. Si deseas una respuesta en prosa, establece que lo que buscas es una respuesta detallada. Si deseas una lista, pídelo explícitamente.

Ejemplo de "prompt" poco claro y no conciso:
"Estimado asistente de IA, ¿podrías proporcionarme cotizaciones para una serie de suministros de oficina que necesito con urgencia? Estos suministros incluyen bolígrafos, papel de impresora, tóner para impresoras láser y cartuchos de tinta para impresoras de inyección de tinta. Agradecería mucho tu ayuda en este asunto."

Este "prompt" es poco claro y carece de concisión. No especifica qué cantidad de cada suministro necesitas, las marcas, los modelos o los plazos de entrega requeridos. La IA podría devolver resultados vagos o incorrectos debido a la falta de detalles.

Ejemplo de "prompt" **claro y conciso:**
"Necesito cotizaciones para suministros de oficina urgentes. Requiero:
1. Bolígrafos: 100 unidades, marca BIC, entrega en 2 días.
2. Papel de impresora: 5 paquetes, tamaño carta, entrega en 3 días.
3. Tóner para impresoras láser: 4 unidades, modelo HP LaserJet 87A, entrega en 4 días.
4. Cartuchos de tinta para impresoras de inyección de tinta: 10 unidades, modelo Epson T220, entrega en 5 días.

Por favor, proporcióname precios y disponibilidad para estos artículos. Gracias."
Este "prompt" es mucho más claro y conciso. Detalla claramente lo que se necesita, incluyendo cantidades, marcas, modelos y plazos de entrega. Al usar un "prompt" de este tipo, obtendrás cotizaciones más precisas y útiles de tus proveedores

4. **Preguntas Directas:** Si tienes una pregunta específica, hazla de manera clara y directa. Cuanta más claridad ofrezcas, más precisa será la respuesta.

Ejemplo de Prompt con Preguntas Directas (Eficaz):
"Solicito información detallada sobre los siguientes productos que necesitamos comprar:

1. Cartuchos de tóner: Necesitamos cartuchos de tóner para impresoras HP. Por favor, indique el modelo y la capacidad de cada cartucho, el precio unitario y la disponibilidad en stock.

2. Papel de impresión: Requerimos papel de impresión de alta calidad. Especifique el tipo de papel, el tamaño y el precio por paquete.
3. Bolígrafos: Necesitamos bolígrafos de tinta negra. Proporcione el precio por unidad y la cantidad disponible.
Por favor, proporcione información precisa y actualizada. Gracias."
En este prompt, las preguntas son directas y específicas. Se solicitan detalles precisos sobre los productos deseados, como el modelo, precio, disponibilidad y otros atributos relevantes.

Ejemplo de Prompt No Eficaz (Ambiguo):

"¿Puede proporcionarme detalles sobre los productos que necesitamos para la oficina?"
Este prompt es menos eficaz ya que es vago y ambiguo. No especifica claramente qué productos se necesitan, cuáles son los detalles requeridos ni cuál es el propósito de la solicitud. Un prompt ambiguo puede llevar a respuestas poco claras o incompletas

> 5. **Ejemplos o Contextos Anteriores**: Puedes proporcionar ejemplos o contextos anteriores para ayudar a la IA a comprender mejor lo que buscas. Esto es especialmente útil cuando se necesita información detallada.

> Ejemplo:
>
>> Supongamos que eres un comprador en una empresa de tecnología y necesitas obtener información sobre un nuevo proveedor de componentes electrónicos. Puedes incluir ejemplos o contextos anteriores para que la IA comprenda tus necesidades específicas. Aquí tienes un ejemplo de cómo podrías estructurar tu prompt:
>
>> "Estamos buscando un nuevo proveedor de componentes electrónicos para nuestros productos. En el pasado, hemos trabajado con proveedores que ofrecían precios competitivos, entregas puntuales y componentes de alta calidad, como procesadores y memorias RAM. Nos gustaría encontrar un proveedor que cumpla con estos estándares y que tenga experiencia en la industria de la tecnología. ¿Puedes recomendarnos algunos proveedores que se ajusten a nuestras necesidades, teniendo en cuenta nuestras experiencias anteriores?"
>
>> En este ejemplo, proporcionas un contexto anterior al mencionar tus experiencias pasadas con proveedores de componentes electrónicos. Esto ayuda a la IA a entender mejor tus requisitos y a sugerirte proveedores que cumplan con los estándares que has establecido.

También algo importante que es de gran ayuda para mi es, trabajar en cada chat por temas, en un chat tengo todo lo que es transporte internacional, en otro seguros, en otro homologación de proveedores, por ejemplo

6. **Longitud del "Prompt"**: Ten en cuenta que los modelos tienen limitaciones en la longitud de la entrada. Mantén

tu "prompt" dentro de estos límites para garantizar una respuesta precisa.

La longitud adecuada de un prompt puede variar según el modelo de lenguaje y la complejidad de la solicitud. Sin embargo, en general, es recomendable mantener los prompts dentro de un rango razonable de tokens para asegurarse de que la IA pueda generar respuestas coherentes y precisas. Para GPT-3 de OpenAI, el límite es de 4096 tokens **(te lo explico más abajo).**

Aquí tienes ejemplos de prompts con diferentes longitudes:

1. **Prompt Corto:**

"Cotización de cartuchos de tinta HP."
Este prompt es conciso y directo. Está bien si conoces los detalles y solo necesitas una respuesta breve.

2. **Prompt Medio:**

"Necesito una cotización para los siguientes cartuchos de tinta para impresoras HP:

- Cartucho de tinta negra HP 564XL
- Cartucho de tinta cian HP 564
- Cartucho de tinta magenta HP 564
- Cartucho de tinta amarilla HP 564"

Este prompt proporciona información específica sobre los productos requeridos, lo que ayuda a la IA a comprender mejor la solicitud.

3. **Prompt Largo:**

"Estoy buscando cotizaciones para cartuchos de tinta compatibles con impresoras HP. Nuestra empresa tiene varias impresoras HP en la oficina, y necesitamos abastecernos de cartuchos de tinta. Estamos interesados en obtener precios para los siguientes cartuchos:

- Cartucho de tinta negra HP 564XL
- Cartucho de tinta cian HP 564
- Cartucho de tinta magenta HP 564
- Cartucho de tinta amarilla HP 564

También nos gustaría conocer los plazos de entrega y si ofrecen descuentos por pedidos al por mayor. Nuestra oficina está ubicada en [tu ubicación], así que ten en cuenta los costos de envío en tu cotización. Por favor, incluye toda la información detallada que consideres relevante."

Este prompt es bastante largo y detallado, pero es necesario para proporcionar a la IA toda la información que necesita para generar una cotización precisa.

La longitud del prompt debe adaptarse a tus necesidades específicas. Un prompt más largo puede ser útil cuando tienes información detallada para proporcionar, mientras que un prompt más corto puede ser adecuado para preguntas más simples

Que significa que el número total <u>de tokens en el prompt no debe exceder 4096.</u> Un token es una unidad de análisis en un lenguaje natural, que puede ser una palabra, una frase, un número o un símbolo. Por ejemplo, la palabra "gato" es un token, así como la frase "el gato está sentado".

El límite de 4096 tokens se aplica a todos los prompts, incluidos los prompts de generación de texto, traducción y respuesta a preguntas. Si un prompt excede el límite de 4096 tokens, el modelo de lenguaje no podrá generar una respuesta.

En el contexto de un prompt, "el límite es de 4096 tokens" es una advertencia para el usuario. El usuario debe asegurarse de que su prompt no exceda el límite de 4096 tokens para que el modelo de lenguaje pueda generar una respuesta.

Aquí hay algunos consejos para evitar que un prompt exceda el límite de 4096 tokens:

Evite usar lenguaje florido o decorativo. El modelo de lenguaje solo necesita la información esencial para generar una respuesta.

Evite usar frases largas o complejas. Intente dividir las frases largas en frases más cortas.
Utilice un lenguaje claro y conciso. Evite usar términos vagos o ambiguos.
.

Consideraciones lingüísticas y gramaticales.

Nos enfocamos en la importancia de utilizar un lenguaje claro y gramaticalmente correcto al redactar tus prompts. Esto es esencial para garantizar que la inteligencia artificial comprenda tus instrucciones de manera precisa y proporcione respuestas adecuadas.

La elección de verbos en los prompts de IA es una tarea importante que puede influir significativamente en la precisión y relevancia de las respuestas obtenidas.

Los verbos son palabras de acción que orientan la dirección y estructura de la IA, permitiéndole saber qué acciones tomar y qué información proporcionar. Utilizar verbos específicos y enfocados permite solicitar tareas concretas a la IA, lo que resulta en respuestas más precisas y enfocadas.

Por ejemplo, si se utiliza el verbo "analizar" en lugar de un verbo genérico como "mirar" al indicar a la IA que examine un conjunto de datos, se puede obtener una respuesta más detallada y precisa.
A continuación, se presenta un listado de verbos que podrían utilizarse al interactuar con Sistemas de IA generativa:

Categoría	Verbo	Descripción
Clarificación	Aclarar	Proporcionar información adicional para mejorar la comprensión.
Argumentación	Argumentar	Proponer un argumento a favor o en contra de una idea.
Cambio	Cambiar	Modificar algo para que sea diferente.
Combinación	Combinar	Unir dos o más cosas para crear algo nuevo.
Compilación	Compilar	Reunir información de diferentes fuentes.
Comprobación	Comprobar	Confirmar la exactitud o validez de algo.
Conclusión	Concluir	Llegar a una conclusión sobre algo.
Comparación	Comparar	Establecer similitudes y diferencias entre dos o más cosas.
Creación	Crear	Hacer algo nuevo o diferente.
Crítica	Criticar	Evaluar algo de manera negativa o constructiva.
Defensa	Defender	Proteger o apoyar algo o a alguien.
Definición	Definir	Dar el significado de algo.
Descripción	Describir	Proporcionar información sobre algo.
Diferenciación	Diferenciar	Identificar las diferencias entre dos o más cosas.
Expansión	Expandir	Desarrollar o ampliar algo.
Explicación	Explicar	Dar a conocer el significado de algo.
Generación	Generar	Crear algo nuevo.
Hacer	Hacer	Llevar a cabo una acción.
Ilustración	Ilustrar	Proporcionar ejemplos o imágenes para explicar algo.
Inclusión	Incluir	Añadir algo a algo.
Inferencia	Inferir	Sacar una conclusión a partir de la información disponible.
Listado	Listar	Enumerar cosas.
Provisión	Proporcionar	Dar o entregar algo.
Producción	Producir	Crear algo nuevo.
Propuesta	Proponer	Sugerir algo como una idea o solución.
Recomendación	Recomendar	Sugerir algo como una opción o curso de acción.
Resumen	Resumir	Reducir algo a sus aspectos más importantes.
Replanteamiento	Replantear	Examinar algo desde una perspectiva diferente.

Este listado es solo una guía, y los usuarios pueden adaptarlo a sus necesidades específicas.

Aquí hay algunas consideraciones clave:

Claridad y Precisión: Como vimos, Asegúrate de que tus instrucciones sean claras y precisas. Evita la ambigüedad o las frases confusas. Cuanto más claro seas en tus solicitudes, más probable será que obtengas respuestas útiles.

Gramática y Sintaxis: Mantén una estructura gramatical y sintáctica adecuada en tus prompts. Las oraciones bien construidas facilitan la comprensión por parte de la IA. Evita errores gramaticales o estructuras incoherentes que puedan confundir a la IA.

Concisión: Intenta ser conciso en tus instrucciones., mantener tus prompts relativamente breves y al punto ayuda a la IA a procesar la información más eficazmente.

Evita jerga o tecnicismos: Si bien es común en el ámbito de abastecimiento y compras utilizar cierta jerga o términos técnicos, ten en cuenta que la IA puede no comprender todos estos términos. Si los usas, asegúrate de proporcionar definiciones o contexto para evitar confusiones.

Revisión: Antes de enviar tu prompt, es una buena práctica revisar tus instrucciones para verificar que estén escritas correctamente y sean comprensibles. Puedes hacer ajustes si encuentras algún error o falta de claridad.

Prueba y Aprendizaje Continuo: La redacción de prompts es una habilidad que se desarrolla con la práctica. Haz pruebas otra vez , regenera las repuestas .Aprende de tus interacciones anteriores con la IA y ajusta tus enfoques de acuerdo con los resultados.

En resumen algunos consejos para una Estructura Efectiva:
- Sé conciso y directo.
- Evita ambigüedades.
- Utiliza lenguaje claro y comprensible.
- Asegúrate de que tus instrucciones sean coherentes con tus objetivos.
- Proporciona ejemplos cuando sea necesario.

Mi Estructura para redactar prompts efectivo
"Actúa como" + "indica el objetivo" + "brinda contexto" "define el formato" + "señala el tono y estilo"

Ejemplo 1: "Actúa como jefe de compras. Redacta un correo electrónico solicitando a un proveedor que extienda el plazo de entrega de una orden de compra debido a retrasos en la producción. Proporciona contexto sobre el pedido, las razones de la solicitud y mantén un tono profesional y cordial."

Ejemplo 2: "Actúa como gerente de abastecimiento. Redacta un mensaje de texto a tu equipo de compras para recordarles la fecha límite de presentación de informes trimestrales sobre el desempeño de proveedores. Sé claro sobre los datos que necesitas, utiliza un tono directo y asegúrate de que comprendan la importancia de la tarea."

Ejemplo 3 : Actúa como jefe de compras. Estás en una negociación con un proveedor de cables para reducir los costos de suministro. Brinda argumentos convincentes sobre por qué la empresa necesita una reducción de precios, enfatizando la importancia de la calidad y la lealtad a largo plazo. Mantén un tono firme pero respetuoso y busca asegurar un acuerdo beneficioso para tu empresa, incluso si eso implica presionar al proveedor para obtener descuentos adicionales.

Otros ejemplos de buenos prompt:

Campo de Aplicación 4: Atención al Cliente
- **Prompt:** "Proporcione respuestas claras y detalladas a las cinco preguntas más frecuentes de los clientes sobre nuestros productos y servicios."
- **Descripción:** En el ámbito de atención al cliente, un agente de soporte puede utilizar este prompt para obtener respuestas precisas a las preguntas más comunes de los clientes, lo que les permitirá resolver problemas de manera más rápida y efectiva.

Campo de Aplicación 5: Presentación de Resultados
- **Prompt:** "Genere un resumen visualmente atractivo de los datos de ventas del último trimestre, incluyendo gráficos de barras y líneas para destacar las tendencias."
- **Descripción:** Los analistas de datos pueden aprovechar este prompt para crear informes impactantes con visualizaciones que resalten las tendencias de ventas, lo que hará que sus informes sean más persuasivos.

Campo de Aplicación 5: Generación de Minutas de Reuniones
- **Prompt:** "Resuma los temas discutidos en la reunión de equipo de hoy, identificando las acciones acordadas y los plazos."
- **Descripción:** Los gerentes que necesitan documentar reuniones clave pueden utilizar este prompt para obtener un registro detallado de la reunión, lo que les permitirá ahorrar tiempo en la documentación.

Campo de Aplicación 6: Creación de Contenido Educativo
- **Prompt:** "Cree una explicación clara y concisa sobre el funcionamiento de las redes neuronales artificiales, incluyendo ejemplos y aplicaciones prácticas."

Descripción: Educadores pueden utilizar este prompt para desarrollar material educativo de alta calidad sobre inteligencia artificial, enriqueciendo así sus lecciones.

Tipos de Prompt.

a) **Secuenciados**: Los prompts secuenciales son aquellos que buscan generar una secuencia de texto, una secuencia de prompts previos para obtener un resultado (output) determinado.

> **Estructura sugerida:** Prompt A + Prompt B = Prompt C

- "Describe el proceso completo de adquisición de productos electrónicos, desde la identificación de necesidades hasta la evaluación de proveedores y la toma de decisiones de compra."
- "Enumera dos ejemplos de estrategias de negociación efectivas que se pueden aplicar en compras y explica cómo funcionan."
- "Ahora, redacta un informe breve sobre el proceso de adquisición de productos electrónicos y menciona las estrategias de negociación efectivas que pueden aplicarse en compras."

(b) **Condicionales:** Los prompts condicionales le piden a ChatGPT que genere texto basado en una condición o un supuesto.

> **Estructura sugerida:** Si [condición] + pregunta [tema] + para [objetivo]

- "Si un proveedor clave cambia sus condiciones de pago, ¿cómo debería reaccionar un gerente de compras para garantizar la continuidad de la cadena de suministro?"

- "Si la demanda de un producto aumenta repentinamente, ¿qué medidas puede tomar un equipo de compras para asegurarse de que haya suficiente inventario disponible?"
- "Si un proveedor no cumple con los plazos de entrega acordados, ¿cuáles son las consecuencias para el departamento de compras?"

(c) **Comparativos:** : Los prompts comparativos le piden a ChatGPT que compare dos o más cosas, obteniendo de esta forma resultados más específicos.

> Estructura sugerida: Compara pregunta1 [tema1] y pregunta2 [tema2]

- "Compara las ventajas y desventajas de adquirir productos de proveedores locales frente a proveedores internacionales en términos de costos y calidad."
- "Compara y contrasta dos estrategias de gestión de inventario y explica cuál es más efectiva en la optimización de costos."
- "Compara los procesos de adquisición utilizados en dos industrias diferentes y destaca las diferencias clave."

(d) **Argumentales:** : Los prompts argumentales le piden a ChatGPT que genere un argumento o posición sobre un tema.

> Estructura sugerida: (a) Rol: Actúa + como [autor o profesión] + y describe [tema] + contexto. (b) Postura: Argumenta + [tema] + para [resultado]

- "Argumenta por qué es fundamental implementar prácticas sostenibles en la cadena de suministro y cómo esto puede beneficiar a la empresa y al medio ambiente."
- "Argumenta a favor de la centralización de compras en una organización y explica cómo puede mejorar la eficiencia y el control de costos."
- "Argumenta en contra de la compra de productos a granel y destaca las desventajas en términos de almacenamiento y obsolescencia."

(e) **Perspectiva Profesional:** Este tipo de prompts solicita que Chat GPT asuma el papel de una persona específica y describa un tema en un contexto determinado, como si fuera un narrador o un periodista. Esto puede ayudar a hacer que la respuesta sea más detallada, objetiva y estructurada, y también puede proporcionar un enfoque diferente en la respuesta.

> **Estructura sugerida: Actúa + como [autor o profesión] + y describe [tema] + contexto.**

- "Actúa como un director de compras de una empresa multinacional y describe cómo gestionarías la selección de proveedores internacionales para garantizar la calidad y la eficiencia en la cadena de suministro."
- "Actúa como un gerente de compras estratégicas y describe cómo desarrollarías una estrategia de

adquisiciones para reducir costos y mejorar la calidad de los productos."

- "Actúa como un analista de compras y describe cómo evaluarías el rendimiento de los proveedores y recomendarías acciones para optimizar la cadena de suministro."

(f) **Lista de Deseos:** Es una estructura que ayuda a los usuarios a obtener respuestas más específicas y relevantes de Chat GPT al proporcionar una lista de requisitos específicos que se desean cumplir. Al proporcionar esta lista, el usuario le está proporcionando información detallada sobre sus necesidades y preferencias, lo que permite a Chat GPT proporcionar una respuesta más precisa y enfocada.

> **Estructura sugerida:** Estoy buscando [opción/objeto/solución] con [requisito 1], [requisito 2] y [requisito 3]. ¿Podrías recomendar algunos/algunas?

- "Estoy buscando un proveedor de material de embalaje con requisitos específicos de calidad, costos competitivos y entregas rápidas. ¿Puedes recomendarme algunos proveedores que cumplan con estos requisitos?"

- "Estoy interesado en adquirir software de gestión de inventario con funcionalidades de seguimiento en tiempo real y capacidad de integración con nuestro sistema actual. ¿Puedes sugerirme algunas opciones?"

"Necesitamos contratar servicios de transporte de carga aérea con rutas internacionales y tarifas competitivas. ¿Puedes proporcionarnos información sobre compañías que cumplan con estos criterios?".

Modelo de cero disparos y de varios disparos.

Modelo de Cero Disparo: El modelo de "cero disparos" se refiere a un enfoque en el que el usuario proporciona una instrucción o pregunta al sistema sin brindar ejemplos de entrada específicos. Es decir, no se le proporciona al sistema ningún dato adicional o contexto específico para realizar una tarea o generar una respuesta. El sistema debe responder basándose únicamente en la información y el conocimiento preexistente que ha adquirido durante su entrenamiento.

Modelo de Varios Disparos: El modelo de "varios disparos" implica que el usuario proporciona uno o más ejemplos de entrada específicos para guiar al sistema en la generación de respuestas. En lugar de depender únicamente del conocimiento preexistente del sistema, el usuario proporciona datos de entrada adicionales que actúan como ejemplos o pautas. Estos ejemplos permiten al sistema comprender mejor el contexto y las preferencias del usuario, lo que puede llevar a respuestas más específicas y relevantes.

Como se mencionó, la cantidad de ejemplos y el detalle de los datos de entrada que el usuario proporciona al algoritmo pueden marcar una diferencia significativa en la salida. Los ingenieros de indicaciones utilizan términos específicos para describir la cantidad de puntos de datos proporcionados.
La indicación "cero disparos" se refiere a la técnica de proporcionar al modelo ningún dato adicional para realizar su predicción. Ejemplos:

Cero Disparos:

- Si estás buscando una recomendación general sobre un nuevo producto de limpieza para el hogar, podrías utilizar una indicación de cero disparos como: "Recomienda un producto de limpieza eficaz para el hogar."
- Si deseas encontrar un regalo sorpresa para un amigo, podrías utilizar: "Recomienda un regalo original para un amigo que le gusten los deportes."
- Si estás explorando opciones de viaje y buscas un destino exótico, podrías preguntar: "Recomienda un destino de vacaciones fuera de lo común."

Un Disparo:
- Si tienes un producto específico en mente y deseas obtener recomendaciones similares, podrías utilizar una indicación de un solo disparo como: "Me gustó la aspiradora XYZ. Recomiéndame otro modelo de aspiradora de alta calidad."
- Si deseas obtener opciones de compras basadas en tus preferencias personales, podrías decir: "Me encantaron los zapatos de la marca ABC. ¿Puedes recomendarme otros zapatos elegantes de esa marca?"
- Si tienes una experiencia positiva con un proveedor en particular y buscas alternativas, podrías preguntar: "Tuve una gran experiencia con el proveedor XYZ. ¿Conoces a otro proveedor confiable de servicios de logística?"

Pocos Disparos:
- Cuando estás buscando una variedad de productos o servicios específicos, podrías proporcionar múltiples ejemplos para guiar al modelo: "Necesito comprar una

computadora portátil, una impresora y una silla ergonómica. Recomiéndame productos de alta calidad en cada categoría."

- Si deseas obtener opciones para un evento especial, podrías mencionar tus preferencias: "Estoy organizando una fiesta de cumpleaños para mi hijo. Necesito ideas para decoración, pasteles temáticos y actividades. Algo relacionado con piratas sería genial."

- Cuando buscas suministros de oficina para tu empresa y tienes ciertos criterios, podrías proporcionar detalles como: "Estoy buscando suministros de oficina de alta calidad, incluyendo bolígrafos, papel y carpetas. Necesito opciones que se ajusten a un presupuesto y estén disponibles para entrega rápida."

Estos ejemplos ilustran cómo se pueden aplicar diferentes enfoques de cero disparos, un disparo y pocos disparos en el contexto de compras y recomendaciones de productos. La elección del enfoque dependerá de cuánta información tengas y cuán específicas sean tus necesidades.

Indicación de cero disparos:
- Un gerente de abastecimiento podría utilizar una indicación de cero disparos para recomendar un proveedor para un nuevo producto que la empresa está considerando adquirir. El modelo podría analizar una gran cantidad de datos sobre proveedores, como precios, calidad, plazos de entrega y historial de rendimiento.

Indicación de un solo disparo:
- Un comprador podría utilizar una indicación de un solo disparo para identificar proveedores que ofrezcan precios

competitivos para un producto que la empresa ya está adquiriendo. El modelo podría analizar los datos de precios de diferentes proveedores para encontrar el mejor precio disponible.

Indicación de pocos disparos:
- Un analista de compras podría utilizar una indicación de pocos disparos para comparar precios de diferentes proveedores para un producto específico. El modelo podría analizar los datos de precios de tres o cuatro proveedores para encontrar el mejor precio disponible.

Estos son solo algunos ejemplos de cómo los modelos de indicaciones de cero disparos, un solo disparo y pocos disparos se pueden utilizar en el entorno del área de abastecimiento y compras

La Indicación de Cadena de Pensamiento (también conocida como CoT).

La cadena de estímulos para el pensamiento (CoT) es una técnica para guiar a un modelo de IA en la provisión de respuestas factualmente correctas. La técnica requiere que el usuario solicite explícitamente al modelo que siga un proceso "paso a paso" en las instrucciones. Además, generalmente es una buena práctica pedir al modelo que explique su razonamiento en la salida y que siga un formato específico.
CoT es una técnica extremadamente útil cuando se busca información factualmente precisa, ya que brinda al usuario una visión de cómo el algoritmo llegó a la salida deseada. Esto permite al usuario validar la respuesta del algoritmo y detectar posibles errores.

CoT también reduce significativamente el <u>riesgo de alucinaciones en el modelo</u>. Las alucinaciones son un fenómeno en el que un modelo de IA genera contenido <u>que "parece" una salida legítima,</u> pero no se basa en datos legítimos. CoT ayuda a reducir el riesgo de alucinaciones al obligar al modelo a seguir un proceso lógico y a proporcionar explicaciones de su razonamiento.

Aquí hay algunos ejemplos de cómo se puede utilizar CoT en el entorno del área de abastecimiento y compras:

Ejemplo:
Un comprador podría utilizar CoT para analizar las tendencias del mercado para un producto específico. El comprador podría indicar al modelo que siga los siguientes pasos:
1. Recopile datos sobre los precios de los productos en el mercado.
2. Analice los datos para identificar tendencias.
3. Explique las tendencias identificadas.

CoT es una herramienta poderosa que puede ayudar a garantizar que los modelos de IA proporcionen respuestas factualmente correctas

Otro Ejemplo
Supongamos que eres un gerente de compras de una empresa y deseas que ChatGPT te ayude a tomar una decisión sobre la adquisición de un nuevo sistema de gestión de inventario. Para garantizar que la respuesta sea fundamentada y basada en pasos, podrías utilizar la técnica de Cadena de Pensamiento de la siguiente manera:

Indicación estándar: "Por favor, proporciona información sobre las opciones disponibles para sistemas de gestión de inventario."

Indicación de Cadena de Pensamiento (CoT):
"**Paso 1:** Enumera las principales características que un sistema de gestión de inventario debe tener para satisfacer nuestras necesidades operativas y financieras.
Paso 2: Realiza una comparación de los sistemas de gestión de inventario líderes en el mercado y sus costos.

Paso 3: Proporciona recomendaciones basadas en la comparación y sugiere cuál sería la mejor opción considerando nuestras necesidades y presupuesto.
Paso 4: Explica el razonamiento detrás de tu recomendación, incluyendo cómo el sistema seleccionado mejoraría nuestra eficiencia en la gestión de inventario y reduciría los costos operativos."

Con esta indicación de CoT, estás solicitando a ChatGPT que siga un proceso paso a paso para brindarte una respuesta fundamentada y completa sobre la adquisición de un sistema de gestión de inventario. Además, estás pidiendo que explique su razonamiento, lo que te permite validar la respuesta y comprender mejor por qué se ha recomendado una opción en particular.

Obligar al modelo a mencionar la fuente o fuentes reales.

Obligar al modelo a proporcionar citas en su respuesta es una manera efectiva de reducir el riesgo de alucinación. En la indicación, el usuario puede pedirle al modelo que utilice fuentes específicas o tomar un enfoque más general, como pedirle que "utilice solo fuentes creíbles".
Al igual que con CoT, pedirle al modelo que proporcione fuentes en su respuesta tendrá dos beneficios: guiará al modelo hacia una respuesta más precisa y te proporcionará un método para verificar la respuesta del modelo.

Ejemplo (para un chat que tiene opción de <u>búsqueda en internet</u>)

Un gerente de abastecimiento podría utilizar esta técnica para solicitar a un modelo que recomiende un proveedor para un nuevo producto. El gerente podría indicar al modelo que siga los siguientes pasos:

1. Identifique todos los proveedores potenciales para el producto.

2. Recopile información sobre cada proveedor, como precios, calidad, plazos de entrega y historial de rendimiento.

3. Compare la información de los proveedores para identificar el proveedor más adecuado.

4. Cite las fuentes utilizadas para cada pieza de información.

Este enfoque obligaría al modelo a buscar información de fuentes confiables, como sitios web de empresas, informes de analistas y publicaciones de revistas. También proporcionaría al gerente una forma de verificar la respuesta del modelo.

Específicamente, el gerente podría indicar al modelo lo siguiente:

"Recomiende un proveedor para un nuevo producto llamado 'X'. Identifique todos los proveedores potenciales para el producto. Recopile información sobre cada proveedor, como precios, calidad, plazos de entrega y historial de rendimiento. Compare la información de los proveedores para identificar el proveedor más adecuado. Cite las fuentes utilizadas para cada pieza de información."

En respuesta a esta indicación, el modelo podría generar una respuesta similar a la siguiente:

"El proveedor más adecuado para el producto 'X' es 'Y'. El precio de 'Y' es de $100, la calidad es de 9/10, el plazo de entrega es de 5 días y el historial de rendimiento es de 95%. Estas cifras se basan en datos de los sitios web de 'Z', 'W' y 'V'."

Esta respuesta es más precisa y confiable que una respuesta que no cita las fuentes. El gerente puede verificar la respuesta del modelo visitando los sitios web de las fuentes citadas.

Algunos conocimientos más avanzados sobre los prompt.

Inyección de Restricción: La inyección de restricción se refiere a la práctica de agregar ciertos límites o restricciones a las indicaciones que proporcionas a la IA. Al hacerlo, puedes obtener respuestas más enfocadas y específicas. Esto es especialmente útil en situaciones donde necesitas información precisa. Aquí tienes algunos ejemplos:

- **Especificidad**: Limitar el alcance del prompt a un tema o área específica. Por ejemplo, un prompt para generar un plan de compras para un nuevo producto podría restringirse a un presupuesto específico o a un plazo determinado.
- **Formato:** Limitar el formato de la respuesta. Por ejemplo, un prompt para generar un informe sobre las tendencias del mercado de compras podría restringirse a un formato de tabla o de gráfico.
- **Tono:** Limitar el tono de la respuesta. Por ejemplo, un prompt para generar una presentación para la gerencia podría restringirse a un tono formal y profesional.

¿Cómo se utiliza la inyección de restricción?

La inyección de restricción se puede utilizar de diversas maneras en el área de compras. Por ejemplo, podría utilizarse para:

- **Generar informes o análisis más precisos y detallados.** Por ejemplo, un prompt para generar un

informe sobre las tendencias del mercado de compras podría restringirse a un período de tiempo específico o a un conjunto de datos determinado.
- **Generar contenido creativo más original y atractivo**. Por ejemplo, un prompt para generar una campaña de marketing podría restringirse a un presupuesto determinado o a un público objetivo específico.
- **Generar respuestas más consistentes con las políticas o los procedimientos de la empresa**. Por ejemplo, un prompt para generar un contrato de compra podría restringirse a los términos y condiciones aprobados por la empres

Buenos Ejemplos:
- "Describe las características clave de un proveedor confiable sin mencionar el precio."
- "Explícame cómo evaluar la calidad de los productos sin utilizar jerga técnica."
- "Genera una lista de verificación para seleccionar proveedores éticos sin mencionar nombres de empresas."

Malos Ejemplos:

- "Explícame cómo funciona la cadena de suministro."
- "Dame ejemplos de proveedores confiables."
- "Escribe una descripción de los términos de pago."

Al agregar restricciones específicas a tus indicaciones, puedes obtener respuestas que se ajusten mejor a tus necesidades y te ayuden en el área de abastecimiento y compras..

Temperatura y afinación top-k

La temperatura y la afinación Top-K son dos parámetros que puedes ajustar para obtener respuestas específicas y controlar la creatividad de la IA. Estos parámetros te permiten encontrar el equilibrio entre respuestas coherentes y respuestas más creativas en tu interacción con la IA. Ajustar estos parámetros puede equilibrar la creatividad con la coherencia. ¡Es como afinar la personalidad de tu IA!

Temperatura: La temperatura controla la aleatoriedad de las respuestas generadas por el modelo. Una temperatura baja genera respuestas más deterministas y enfocadas, mientras que una temperatura alta genera respuestas más creativas y diversas.

Afinación Top-K: La afinación Top-K restringe las opciones del modelo a las siguientes K palabras más probables. Un valor de K más alto genera respuestas más diversas, mientras que un valor de K más bajo genera respuestas más coherentes.

Ejemplos de uso de la temperatura y la afinación Top-K en el área de compras:

Buenos ejemplos:

Si necesitas respuestas específicas y enfocadas, puedes ajustar la temperatura a un valor bajo, por ejemplo, 0.2. Esto te dará respuestas deterministas.

Por otro lado, si estás buscando ideas creativas o soluciones innovadoras, puedes aumentar la temperatura, por ejemplo, a 0.8, para obtener respuestas más diversas.

Si deseas un equilibrio entre coherencia y creatividad en tus respuestas, puedes utilizar la afinación Top-K. Establece un valor como 40 para obtener una gama de opciones que mantengan un punto dulce entre diversidad y coherencia.

Temperatura baja (por ejemplo, 0,2) para generar un informe sobre las tendencias del mercado de compras: Este informe sería más determinista y enfocado, y proporcionaría información más precisa y detallada.

Temperatura alta (por ejemplo, 0.8) para generar una campaña de marketing: Esta campaña sería más creativa y diversa, y podría llegar a un público más amplio.

Afinación Top-K (por ejemplo, 40) para generar un contrato de compra: Este contrato sería más coherente con las políticas y los procedimientos de la empresa, y sería más fácil de entender y cumplir.

Malos ejemplos:
Utilizar una alta temperatura cuando necesitas respuestas precisas sobre datos o cifras de abastecimiento.

Utilizar una temperatura baja para generar ideas nuevas en la selección de proveedores.

No ajustar el valor de K superior, lo que puede llevar a respuestas muy limitadas o aleatorias que no son útiles en tu contexto de compras y abastecimiento

Alta temperatura para consultas fácticas: Una temperatura alta podría generar respuestas creativas y diversas, pero también podría generar respuestas inexactas o engañosas.

Baja temperatura para tareas creativas: Una temperatura baja podría generar respuestas deterministas y enfocadas, pero también podría generar respuestas aburridas o repetitivas.

No ajustar la k superior, lo que lleva a salidas demasiado estrechas o aleatorias: Una afinación Top-K baja podría generar salidas demasiado estrechas, mientras que una afinación Top-K alta podría generar salidas demasiado aleatorias.
.

Variaciones de Frase de Síntesis

¿Qué es esto? Dale sabor a cómo haces preguntas para obtener diferentes sabores de respuestas. Experimentar con diferentes fraseos rápidos puede provocar respuestas más precisas o diversas. Variar la estructura y el enfoque de tus preguntas puede ayudarte a obtener la información que necesitas de manera más efectiva.

Buenos Ejemplos: En lugar de preguntar "¿Cuál es el precio de este producto?", puedes usar "¿Cuánto cuesta este artículo?" o "¿Cuál es el costo de este producto?" para obtener respuestas específicas.

Si necesitas información detallada sobre un proveedor, puedes preguntar "¿Puede proporcionar detalles sobre su historial de entregas?" o "Hábleme sobre sus antecedentes en entregas" para obtener una visión más completa.

Para obtener cotizaciones de múltiples proveedores, puedes preguntar "¿Puede ofrecer una cotización para este artículo?" o "¿Puede proporcionarme una oferta por este producto?".

Malos Ejemplos: Utilizar una sola estructura de oración y no variar en las preguntas.

Siempre utilizando la misma frase, por ejemplo, "Por favor, proporcione información sobre su empresa" en lugar de cambiar el enfoque.

No experimentar con la voz activa y pasiva en tus preguntas. Por ejemplo, siempre usar "¿Puede proporcionar..." en lugar de cambiar a "Por favor, proporcione..." o "Necesito información sobre

Modelado de recompensas

En el campo de abastecimiento y compras, el modelado de recompensas implica proporcionar retroalimentación a la IA para ajustar su rendimiento a lo largo del tiempo. Al recompensar el buen comportamiento y corregir errores, puedes ayudar a tu IA a aprender y mejorar en su capacidad para generar respuestas efectivas y precisas. Aquí hay ejemplos de cómo aplicar el modelado de recompensas en el área de abastecimiento y compras:

Buenos Ejemplos:

1. Si la IA proporciona respuestas precisas en consultas sobre especificaciones de productos, puedes proporcionar comentarios positivos para reforzar la precisión en futuras consultas similares.

2. Cuando obtengas respuestas claras y concisas que sean fáciles de entender, recompensa ese buen comportamiento para alentar respuestas similares en el futuro.

3. Si deseas promover la creatividad en la generación de contenido para descripciones de productos o estrategias de negociación, recompensa respuestas que muestren un enfoque innovador.

Malos Ejemplos:

1. No proporcionar retroalimentación sobre respuestas incorrectas o vagas, lo que impide la mejora de la IA.

2. Ignorar la oportunidad de reforzar el buen rendimiento al no brindar comentarios positivos cuando corresponda.

3. No utilizar señales de recompensa para el ajuste fino del modelo, lo que limita el aprendizaje y la adaptación de la IA.

Primado de Dominio

Qué es esto: Establezca el escenario adecuado para su IA, para que conozca el contexto y le brinde respuestas relevantes Al especificar claramente el dominio de conocimiento, puedes mejorar la precisión y relevancia de las respuestas proporcionadas por la IA

Buenos Ejemplos:

1. "Como gerente de compras, explique la importancia de la optimización de la cadena de suministro."

2. "Dentro del ámbito de adquisiciones, defina qué son los acuerdos de nivel de servicio (SLA)."

3. "En el contexto de compras estratégicas, describa cómo se pueden identificar proveedores clave."

Malos Ejemplos:

1. "Explique la importancia de la optimización de la cadena de suministro."

2. "Defina los acuerdos de nivel de servicio (SLA)."

3. "Describa cómo se pueden identificar proveedores clave

Submodelado

El submodelado es una estrategia útil para abordar preguntas y tareas complejas descomponiéndolas en pasos más pequeños y manejables. Al dividir las consultas o problemas grandes en sub-consultas, puedes obtener respuestas más precisas y evitar abrumar a la IA. Aquí tienes ejemplos de cómo aplicar el submodelado en el contexto de abastecimiento y compras:

Buenos Ejemplos:

1. "Desglosemos una estrategia de adquisiciones en sub-consultas sobre selección de proveedores, negociación de contratos y seguimiento de entregas."

2. "Dividamos un proceso de licitación complejo en pasos más pequeños para analizar la documentación, evaluar propuestas y tomar decisiones finales."

3. "Analice por separado la gestión de inventario, la previsión de demanda y el control de costos en la cadena de suministro."

Malos Ejemplos:

1. "Tratemos de abordar toda la estrategia de adquisiciones en una sola consulta."

2. "Intentemos resolver todo el proceso de licitación de una vez."

3. "Carguemos el modelo con un documento de adquisiciones largo y sin segmentación."

Al utilizar la técnica de submodelado, asegúrate de dividir tus consultas o problemas en pasos lógicos y manejables. Esto permitirá que la IA responda de manera más efectiva y precisa a cada componente

.

Negación Explícita

La negación explícita es una técnica valiosa para enfocar la respuesta de la IA y evitar información no deseada. Al especificar exclusiones y restricciones de manera clara, puedes obtener respuestas precisas y relevantes. Aquí tienes ejemplos de cómo aplicar la negación explícita en el contexto de abastecimiento y compras:

Buenos Ejemplos:

1. "Explícame el proceso de adquisición sin mencionar términos técnicos."

2. "Resúmeme el contrato de suministro sin revelar detalles financieros."

3. "Discute las estrategias de negociación sin hacer referencia a acuerdos pasados."

Malos Ejemplos:

1. "Explícame el proceso de adquisición."

2. "Resúmeme el contrato de suministro."

3. "Discute las estrategias de negociación."

Al utilizar la negación explícita, asegúrate de especificar claramente lo que no deseas en la respuesta. Esto ayudará a que la IA se concentre en proporcionar información relevante sin incluir detalles innecesarios

Incitación secuencial

La técnica de Incitación Secuencial puede ser especialmente valiosa para refinar respuestas. Imaginemos una situación en la que un comprador utiliza un modelo de lenguaje AI para obtener información detallada sobre las especificaciones técnicas de un producto que desea adquirir. Podría aplicar la Incitación Secuencial de la siguiente manera:

Primera Interacción: El comprador inicia la conversación con una pregunta general sobre el producto, como "¿Puede proporcionarme detalles técnicos sobre el producto XYZ?"
Respuesta Inicial: El modelo proporciona una respuesta inicial con información técnica básica sobre el producto, pero puede ser que no incluya todos los detalles necesarios.

Segunda Interacción: El comprador sigue con una pregunta de seguimiento, como "Necesito más detalles sobre la capacidad de rendimiento de este producto, ¿podría proporcionar especificaciones de rendimiento?"
Respuesta Mejorada: El modelo responde con detalles más específicos sobre el rendimiento del producto.
Tercera Interacción: El comprador podría continuar, "¿Puede darme detalles sobre la vida útil y garantía del producto?"

Respuesta Detallada: El modelo proporciona información detallada sobre la vida útil y la garantía del producto.

Este proceso secuencial permite al comprador refinar gradualmente la respuesta del modelo y obtener información técnica precisa y completa sobre el producto que está investigando. Al hacer preguntas de seguimiento, el comprador puede obtener la claridad y los detalles necesarios para tomar decisiones informadas de compra. Además, esto evita la sobrecarga de información y facilita la comprensión paso a paso.

Este enfoque también es útil cuando se debe realizar una investigación detallada sobre proveedores, productos o procesos relacionados con la gestión de abastecimiento y compras. Al utilizar la Incitación Secuencial, los compradores pueden obtener respuestas de manera más efectiva y enfocada

Evaluación Iterativa de Respuestas

¿Qué es esto? Proporciona una serie de ejemplos de respuestas de calidad y solicita a la IA que las evalúe. Luego, utiliza esta retroalimentación para refinar y mejorar las respuestas. Esta técnica es particularmente valiosa para enseñar al modelo a evaluar la calidad y la precisión de las respuestas.
Ejemplos:

"Evalúa la precisión de esta respuesta sobre los materiales necesarios para la producción de productos de limpieza."
"Califica la claridad de esta descripción sobre los procedimientos de devolución de productos defectuosos."

Indicaciones de escenario hipotético

¿Qué es esto? Presenta una situación hipotética en el contexto de abastecimiento y compras y pide al modelo que genere respuestas basadas en ese escenario. Esto es útil para la toma de decisiones y la planificación.

Ejemplos:
"Supongamos que estamos experimentando retrasos en la cadena de suministro. Proporciona un plan de contingencia para garantizar el suministro de materias primas."

"Imagina que tienes un presupuesto limitado. ¿Cómo seleccionarías a los proveedores para reducir costos sin comprometer la calidad?".

Feedback por Comportamiento

¿*Qué es esto?* Proporciona comentarios específicos al modelo en función de su desempeño. Esto ayuda a entrenar al modelo y mejorar su capacidad para generar respuestas precisas y útiles en el contexto de compras y abastecimiento.

Ejemplos:

- "La respuesta proporcionada no incluye todos los detalles necesarios. Por favor, mejora la calidad de la información."

- "Excelente respuesta, precisa y concisa. Continúa ofreciendo este nivel de calidad en futuras respuestas."

Estas técnicas avanzadas permiten mejorar la eficiencia y efectividad de las interacciones con modelos de lenguaje en el ámbito de abastecimiento y compras. Al aplicarlas de manera adecuada, los profesionales de compras pueden aprovechar al máximo la IA para tomar decisiones más informadas y agilizar sus procesos.

Benchmarking y pruebas a/b

¿Qué es esto? Estas técnicas permiten probar diferentes enfoques y estrategias para determinar cuál funciona mejor. Es como tener un laboratorio para tus indicaciones. Puedes comparar enfoques, parámetros de ajuste fino y estrategias de puntería para optimizar tus resultados.

Ejemplos:

- *Encontrar la mejor estrategia de traducción:*

- R: "Traduce este documento de especificaciones de productos al chino."

- B: "Cómo se expresaría este documento en chino." Ejecuta ambas indicaciones y compara cuál proporciona las traducciones más precisas y apropiadas para el contexto.

- *Pruebas A/B para estilos de redacción creativa:*

    - R: Utiliza una temperatura alta (por ejemplo, 0.8) para obtener una narrativa más creativa y fluida.

    - B: Utiliza una temperatura baja (por ejemplo, 0.2) para una narrativa enfocada y dirigida por la trama. Compara los resultados para determinar qué configuración de temperatura se adapta mejor a tus necesidades creativas.

- *Consultar datos financieros:*

    - R: "Proporciona un análisis financiero de los ingresos de los últimos tres años."

B: "Analiza los estados financieros anuales durante el período 2020-2022." Ejecuta ambas indicaciones y evalúa cuál genera un análisis financiero más completo y comprensible..

Transferencia de Conocimiento en el Abastecimiento y Compras

¿Qué es esto? Esta técnica implica transferir el conocimiento específico del dominio de abastecimiento y compras al modelo. Cuanta más información y contexto sobre tu industria y tus procesos de compra, mejor será la IA para brindarte respuestas útiles.

Ejemplos:

"Explique los términos comerciales utilizados en el abastecimiento estratégico."

"Proporcione información sobre los métodos de negociación de contratos en la adquisición de materias primas."

"Detalla las mejores prácticas en la gestión de proveedores en la industria de la construcción."

Estas técnicas avanzadas de benchmarking, pruebas A/B y transferencia de conocimiento permiten a los profesionales de compras y abastecimiento afinar sus interacciones con modelos de lenguaje para obtener resultados más precisos y efectivos. Puedes encontrar la estrategia que mejor se adapte a tus necesidades y, al mismo tiempo, nutrir a la IA con conocimientos específicos de tu industria.

Plantillas de prompt con ideas rápidas para ganar productividad.

La gestión del tiempo es una habilidad esencial para cualquier profesional de compras. ChatGPT puede ayudar a los profesionales de compras a mejorar sus habilidades de gestión del tiempo proporcionando consejos y sugerencias para mejorar sus flujos de trabajo y niveles de productividad, La gestión del tiempo es una habilidad esencial para cualquier profesional de compras. ChatGPT puede ayudar a los profesionales de compras a mejorar sus habilidades de gestión del tiempo proporcionando consejos y sugerencias para mejorar sus flujos de trabajo y empezar a mejorar los niveles de productividad.

Gestión del tiempo

Si luchas con gestión del tiempo, ChatGPT puede ofrecer consejos para mejorar sus flujos de trabajo y niveles de productividad.

Comience completando e ingresando la siguiente plantilla en la herramienta:

> **Un [título de trabajo] que [explique las tareas de trabajo que necesita administrar]. Actualmente [uso este método] pero [explico los desafíos específicos que enfrenta]. ¿Puedes ayudarme con [el resultado deseado]?**

Aquí hay dos indicaciones posibles y un fragmento de respuesta:

Ejemplo 1: Gestión del Tiempo en Abastecimiento y Compras

- **Prompt:**

    - "Soy un profesional de abastecimiento que maneja múltiples proveedores y pedidos simultáneos. Actualmente, utilizo un sistema de seguimiento manual, pero enfrento dificultades para gestionar eficientemente los plazos y la comunicación con los proveedores. ¿Puede sugerir técnicas efectivas para mejorar mi gestión del tiempo en compras y abastecimiento?"

- **Respuesta de ChatGPT:**

    - "Claro, en el área de abastecimiento y compras, es esencial optimizar la gestión del tiempo para garantizar entregas oportunas y eficientes. Aquí tienes algunas sugerencias:

        1. Implementa un sistema de seguimiento de pedidos en línea que te permita rastrear el estado de cada compra y establecer alertas para plazos importantes.

        2. Prioriza tus tareas según la urgencia y la importancia, utilizando técnicas como la matriz de Eisenhower.

3. Automatiza la comunicación con proveedores mediante herramientas de gestión de relaciones con proveedores (SRM) para agilizar la colaboración.

4. Utiliza un calendario compartido con recordatorios para reuniones importantes, fechas de entrega y revisiones de contratos.

5. Considera la implementación de un software de gestión de inventario para tener un control más efectivo sobre los niveles de stock. Espero que estas sugerencias te ayuden a mejorar la gestión del tiempo en tu área de abastecimiento y compras."

Ejemplo 2: Herramientas de Gestión en Abastecimiento y Compras

- **Prompt:**

    - "Como jefe de compras de una empresa que gestiona un alto volumen de pedidos, me encuentro buscando una solución para mejorar la coordinación y comunicación con nuestros proveedores y mantener un seguimiento efectivo de los plazos de entrega. ¿Puede recomendarme una herramienta de gestión eficiente para el área de abastecimiento y compras?"

- **Respuesta de ChatGPT:**

  - "Por supuesto, en el área de abastecimiento y compras, es fundamental contar con herramientas eficientes para gestionar la comunicación y los plazos de entrega. Te recomiendo considerar Monday.com. Es una plataforma altamente personalizable que te permite crear y administrar flujos de trabajo, realizar un seguimiento del progreso y comunicarte con tu equipo y proveedores. Ofrece opciones flexibles de gestión de tareas y representaciones visuales de los plazos del proyecto. Con Monday.com, puedes mejorar la coordinación con tus proveedores y mantener un seguimiento efectivo de los plazos de entrega en el área de abastecimiento y compras."

Priorizar tareas: Identificar las tareas más importantes y urgentes y priorizarlas en consecuencia. Se podría utilizar técnicas como la matriz de Eisenhower (categorizar tareas basadas en la urgencia y la importación) para determinar las prioridades, otra herramienta son los :

Uso de bloqueo de tiempo: Asignar bloques de tiempo específicos para diferentes tareas o tipos de actividades. Esto le ayuda a concentrarse y evita la multitarea, lo que le permite progresar en tareas individuales de manera más eficiente.

Priorización de tareas

Administrar eficazmente el flujo de trabajo requiere una cuidadosa priorización de tareas, y esta organización puede capacitarlo para cumplir con los plazos y mantenerse motivado. Pero a veces es difícil ver la claridad dentro del desorden y o un árbol nos tapa el bosque.

Pruebe esta plantilla para obtener asistencia de Chat Gpt con la organización de tareas:

> Un [rol de trabajo] que [explique las tareas que necesita organizar, el nivel de importancia y los plazos].

Ejemplo :

Resumen de Reunión entre Comprador y Vendedor

- **Prompt**:

- "Resuma los puntos clave discutidos en la reunión entre el comprador y el vendedor. Tenga en cuenta todos los nuevos plazos acordados para el próximo trimestre. Genere una lista de viñetas que resuma los requisitos específicos de la compra y las condiciones acordadas, puntos pendientes. **[Refiérase a las notas de la reunión para obtener detalles adicionales].**"(aquí ponen la transcripción de la reunión de zoom que se grabó con una aplicación que veremos más adelante)

- **Respuesta de ChatGPT**:

  - "Por supuesto, aquí tienes un resumen de la reunión entre el comprador y el vendedor:

    - Los puntos clave discutidos incluyeron la cantidad de unidades a adquirir, los plazos de entrega acordados y los precios negociados.

    - Se acordaron nuevos plazos para el próximo trimestre, con fechas límite específico para el suministro de productos.

    - En cuanto a los requisitos de la compra, se destacaron los siguientes:

      - Calidad: Se estableció que los productos deben cumplir con los estándares de calidad acordados en el contrato.

- Cantidades: Se confirmó la cantidad exacta de productos a entregar en cada lote.

- Condiciones de pago: Se acordaron los términos de pago y las fechas de vencimiento.

- Logística: Se discutieron los detalles de la entrega y la logística de transporte.

- En general, ambas partes quedaron satisfechas con los acuerdos alcanzados en la reunión."

Esta respuesta muestra cómo ChatGPT puede generar un resumen de una reunión entre un comprador y un vendedor, enfocándose en los puntos clave y los acuerdos alcanzados

Planificación del Día para un Jefe de Compras

- **Prompt**:

- "Como Jefe de Compras, necesito ayuda para planificar mi día de trabajo. Tengo varias tareas importantes que incluyen revisar los informes de proveedores, negociar contratos y coordinar con el equipo de compras. También tengo una reunión programada con el director de operaciones a las 11 a.m. y un almuerzo de trabajo a las 1 p.m. ¿Puede ayudarme a organizar mi día utilizando el Método Eisenhower?"

- **Respuesta de ChatGPT:**

    - "Por supuesto, usando el Método Eisenhower, podemos planificar su día de la siguiente manera:

        - 9–10 a.m.: Revisar informes de proveedores y priorizar los problemas críticos.

        - 10–11 a.m.: Negociar contratos y acuerdos con proveedores clave.

        - 11 a.m.–12 p.m.: Reunión con el director de operaciones para discutir estrategias de compras y alineación con objetivos organizacionales.

        - 12–1 p.m.: Almuerzo de trabajo para mantenerse actualizado con las últimas tendencias y novedades en el sector de compras.

- 1–2 p.m.: Coordinar con el equipo de compras y abordar las prioridades del día.

- 2–3 p.m.: Responder a correos electrónicos y comunicaciones internas relacionadas con compras.

- 3–5 p.m.: Realizar un seguimiento de proyectos pendientes y asignar tareas al equipo."

Este ejemplo muestra cómo un Jefe de Compras puede utilizar el Método Eisenhower para priorizar sus tareas y planificar su día de trabajo de manera eficiente. Si necesitas más ejemplos o ajustes adicionales, no dudes en pedirlos

Rutinas de trabajo

Como profesional de compras, la productividad es clave para tu éxito. Sin embargo, a veces te encuentras luchando para mantenerte al día con todo lo que tienes que hacer.

Un día, decides probar ChatGPT para ver si puede ayudarte a desarrollar mejores rutinas de trabajo. Empozas con la siguiente plantilla Para explorar rutinas de productividad viables, una plantilla de sugerencia:

> Un [papel de trabajo]. Estoy luchando con [áreas donde la productividad necesita mejorar]. Le gusta [objetivo específico que le gustaría lograr].

Aquí hay un par de ejemplos con una respuesta abreviada:

Analista de Compras que Trabaja de Forma Remota

Prompt:

"Como Analista en Compras que trabaja de forma remota, me encuentro con frecuentes distracciones en casa y siento que me falta responsabilidad en mi trabajo. Tengo dificultades para establecer una rutina de trabajo consistente que me permita ser eficiente en mis tareas y, al mismo tiempo, disfrutar de mi tiempo personal. ¿Puede ChatGPT ayudarme a crear hábitos de trabajo más efectivos y estructurar mis días para evitar interrupciones?"

Respuesta de ChatGPT:

"Claro, puedo ayudarte a desarrollar una rutina de trabajo más efectiva como Analista de Compras que trabaja desde casa. Aquí tienes algunos consejos:

Establece un horario fijo: Designa horas específicas para trabajar y respeta ese horario.

Crea un espacio de trabajo dedicado: Busca un lugar tranquilo y libre de distracciones en tu hogar para trabajar.

Prioriza tus tareas: Identifica las tareas más importantes y concéntrate en ellas durante tu período de mayor productividad.

Establece metas diarias: Define objetivos claros para cada día y asegúrate de completarlos.

Toma descansos programados: Programa descansos regulares para recargar energías.

Minimiza las distracciones: Apaga las notificaciones innecesarias y comunica tus horarios de trabajo a tu familia.

Mantén una comunicación constante con tu equipo de Compras: Asegúrate de estar en sintonía con las prioridades del departamento.

Aprovecha la tecnología: Utiliza herramientas de gestión de tareas y colaboración para mantener la responsabilidad en tu trabajo.

Siguiendo estos consejos, podrás construir una rutina de trabajo más efectiva y equilibrada como Analista en Compras que trabaja de forma remota."

Este ejemplo muestra cómo un Analista en Compras puede abordar problemas de distracción y falta de responsabilidad al trabajar desde casa, y cómo ChatGPT puede proporcionar orientación para establecer una rutina de trabajo más eficiente

Líder de Equipo de Compras Busca Mejorar la Productividad

Prompt adaptado:

"Soy un Líder de un equipo de Compras y estoy luchando con la disminución de la productividad en mi equipo. No estoy seguro de cómo abordar este problema. ¿Puede ChatGPT proporcionarme algunas formas de identificar los problemas y implementar métodos de trabajo más eficientes en el área de Compras?"

Respuesta de ChatGPT:

"Por supuesto, como Líder de Equipo de Compras, es esencial abordar los problemas de productividad para garantizar un rendimiento óptimo en el departamento. Aquí tienes algunos pasos para identificar y resolver estos problemas:

Análisis de Datos: Revisa los datos de rendimiento de tu equipo. Examina las métricas clave, como el tiempo de procesamiento de pedidos, la precisión en la selección de proveedores y los plazos de entrega.

Comunicación Abierta: Habla con tu equipo y fomenta la comunicación abierta. Pregunta a los miembros del equipo sobre los desafíos que enfrentan y escucha sus sugerencias.

Capacitación y Desarrollo: Asegúrate de que tu equipo esté bien capacitado y tenga las habilidades necesarias. La capacitación constante puede mejorar la eficiencia.

Automatización de Procesos: Investiga la automatización de tareas repetitivas y administrativas para liberar tiempo para tareas más estratégicas.

Optimización de Procesos: Revisa los procesos actuales de Compras y busca áreas que puedan optimizarse. Elimina pasos innecesarios y agiliza los flujos de trabajo.

Establecimiento de Objetivos: Define objetivos claros para tu equipo y realiza un seguimiento constante del progreso. Esto motiva y enfoca a los miembros del equipo.

Evaluación de la Carga de Trabajo: Asegúrate de que la carga de trabajo se distribuya equitativamente en el equipo. Evita la sobrecarga de trabajo.

Feedback y Reconocimiento: Brinda retroalimentación constante y reconoce el buen desempeño. Un ambiente positivo puede aumentar la motivación.

Tecnología y Herramientas: Investiga nuevas tecnologías y herramientas que puedan mejorar la gestión de compras y agilizar los procesos.

Siguiendo estos pasos, podrás identificar problemas de productividad y trabajar en la implementación de métodos de trabajo más eficientes en tu equipo de Compras."

Este ejemplo muestra cómo un Líder de Equipo de Compras puede buscar formas de mejorar la productividad en su departamento y cómo ChatGPT puede proporcionar orientación sobre cómo abordar este desafíos, haciendo preguntas adicionales por cada uno de estos puntos y profundizando sobre el tema .

Redacción de correo electrónico

Los correos a veces, la brevedad dificulta capturar el tono correcto y entregar un mensaje de manera efectiva.

Si bien la información exacta necesaria depende del tema de los correos electrónicos, se puede recopilar los siguientes detalles:

- El propósito de los correos electrónicos
- El destinatario y tu relación
- Contexto y cualquier métrica específica que deba incluir
- El tono deseado
- Otros detalles como la duración o una llamada a la acción

Aquí hay algunos ejemplos:

Redacción de Correos Electrónicos Profesionales en Compras

Prompt :

"Soy un profesional en el área de Compras y con frecuencia necesito redactar correos electrónicos a proveedores, clientes y otros colegas. A veces, me resulta difícil encontrar el tono adecuado y entregar mensajes efectivos y claros. ¿Puede ChatGPT ayudarme a redactar un correo electrónico profesional a un proveedor solicitando una cotización de manera cortés y clara?"

Respuesta de ChatGPT:

"Claro, redactar correos electrónicos profesionales en Compras es crucial para mantener una comunicación efectiva con proveedores y colegas. Aquí hay una muestra de cómo podría redactar un correo electrónico de solicitud de cotización:

Asunto: Solicitud de Cotización

Estimado [Nombre del Proveedor],

Espero que se encuentre bien. Quiero expresar mi interés en los productos/servicios que su empresa ofrece y estamos considerando realizar una compra en un futuro cercano.

Para avanzar en nuestro proceso de selección, agradeceríamos mucho si pudiera proporcionarnos una cotización detallada para los siguientes elementos:

[Detalles de los productos/servicios requeridos, especificaciones, cantidades, etc.]

Además, si tiene alguna información adicional que considere relevante o si requiere más detalles de nuestra parte, no dude en hacérnoslo saber.

Valoramos la eficiencia y la transparencia en nuestras relaciones comerciales y esperamos una respuesta oportuna.

Gracias por su atención y esperamos su respuesta.

Atentamente, [Tu Nombre] [Tu Cargo] [Tu Empresa] [Tu Información de Contacto]

Este es un ejemplo de cómo puede redactar un correo electrónico profesional en Compras para solicitar una cotización de manera cortés y clara, sin revelar detalles innecesarios, también si se le desea incorporar más aspectos que Chat Gpt no considera se le solicita las modificaciones requeridas.

Correo Electrónico Profesional para Reprogramación de Reunión con Vendedor

Prompt adaptado:

- "Soy un Jefe de Compras y he aceptado una importante reunión con un vendedor. Sin embargo, surgió una emergencia inesperada y necesito reprogramarla. ¿Puede ayudarme a redactar un correo electrónico profesional para solicitar una reprogramación de manera cortés y apreciativa, sin revelar demasiados detalles personales?"

- **Respuesta de ChatGPT**:

- "Por supuesto, la cortesía y la profesionalidad son fundamentales en situaciones como esta. Aquí tienes un ejemplo de cómo podrías redactar tu correo electrónico:

Asunto: Solicitud de Reprogramación de Reunión

Estimado [Nombre del Vendedor]

Espero que se encuentre bien. Le agradezco sinceramente la oportunidad de reunirnos para discutir [tema o propósito de la reunión]. Lamentablemente, surgió una emergencia inesperada que me impide asistir a la reunión programada para [fecha y hora].

Le agradezco mucho por su comprensión en esta situación. Valoramos mucho la relación que hemos establecido y estamos comprometidos en continuar trabajando juntos de manera efectiva.

Me gustaría solicitar la posibilidad de reprogramar nuestra reunión para una fecha y hora que le resulte conveniente. Estoy seguro de que su flexibilidad nos permitirá mantener el impulso de nuestras conversaciones y encontrar el momento adecuado para reunirnos.

Por favor, hágame saber cuándo sería conveniente para usted reprogramar nuestra reunión. Aprecio su consideración y le agradezco nuevamente por su comprensión.

Atentamente, [Tu Nombre] [Jefe de Compras] [Tu Empresa] [Tu Información de Contacto]

Este correo electrónico mantiene un tono cortés y apreciativo sin revelar detalles personales innecesarios y comunica la necesidad de reprogramar la reunión de manera profesional. Espero que esto te sea útil para abordar tu situación

Patrones de Prompt

En este módulo profundizaremos en los prompt y cómo los patrones y los prompt pueden influir en la programación de ChatGPT 3.5 o Plus, Bard/Geminis, u Bing Poe etc. Comprender cómo funcionan los modelos de lenguaje y cómo utilizar prompt efectivos es esencial para programar de manera eficiente con ChatGPT. Analicemos cómo los patrones y las prompt afectan las respuestas y comportamientos del modelo en el contexto de la programación de los mismos, como nos puede ayudar un prompt de cómo queremos que salga la información, por ejemplo CSV y pode pasar los datos a Excel, veamos.

Patrones y "Programación"
Los modelos de lenguaje, como ChatGPT, también funcionan en función de patrones y predicciones en el contexto de la programación. Estos modelos pueden seguir reglas y patrones que les proporcionemos para generar resultados específicos.
Ejemplo de Patrón y la analogía en programación de software
Supongamos que deseas que ChatGPT formatee la información como una lista de valores separados por comas (CSV). Aquí, puedes establecer un patrón en tu indicación para que el modelo siga esa estructura. El patrón sería algo como: "Cuando generes una salida, conviértela en una lista de valores separados por comas (CSV)." Esto es análogo a establecer una regla en la programación.

Cambiar las Reglas en el Programa

Ahora, veamos cómo puedes cambiar las reglas en el "programa" para obtener resultados diferentes:

- **Modificar las Reglas**: "Además de lo que escribo, genera ejemplos adicionales que se ajusten al formato de la lista de valores separados por comas (CSV) que te he pedido que produzcas." Aquí, estás agregando una nueva regla al programa para generar ejemplos adicionales en el formato CSV.(Un archivo en formato CSV (Comma-Separated Values) es un tipo de archivo de texto plano utilizado para almacenar datos tabulares en forma de una cuadrícula de filas y columnas. En un archivo CSV, cada línea representa una fila de datos y los valores de cada columna están separados por comas.

- **El formato CSV** es ampliamente utilizado debido a su simplicidad y facilidad de lectura tanto para humanos como para programas informáticos. Se puede abrir y editar en diversas aplicaciones, como hojas de cálculo y editores de texto.

  <u>Puedes utilizar archivos CSV con Microsoft Excel</u> de la siguiente manera:

- **Abre Excel:** Inicia la aplicación de Microsoft Excel en tu computadora.

- **Importar datos**: En la pestaña "Datos" en la barra de herramientas de Excel, selecciona "Obtener datos externos" o "Desde texto" (dependiendo de la versión de Excel que estés utilizando).

- **Selecciona el archivo CSV**: Navega y selecciona el archivo CSV que deseas abrir en Excel. Haz clic en "Importar" o "Abrir" para continuar.

- **Configurar la importación:** En el "Asistente para importación de texto" que aparecerá, asegúrate de seleccionar "Delimitado" como el tipo de archivo y marca la casilla correspondiente a "Coma" como el delimitador. Puedes ver una vista previa de los datos en la parte inferior de la ventana para asegurarte de que se importen correctamente.

- **Especificar el formato de datos**: En esta etapa, puedes seleccionar el formato de datos para cada columna. Por ejemplo, si una columna contiene fechas, puedes elegir el formato de fecha adecuado.

- **Finalizar la importación**: Haz clic en "Finalizar" para importar los datos del archivo CSV en Excel. Puedes elegir la ubicación donde deseas que se coloquen los datos importados.

Ejemplos de Uso de programación de los patrones con ChatGPT

1. **Establecer un Patrón de Formato CSV**: "Cuando generes una salida, conviértela en una lista de valores separados por comas (CSV)." Esta es una regla que el modelo seguirá al generar respuestas en formato CSV.

Agregar Reglas Adicionales al Programa: "Además de lo que escribo, genera ejemplos adicionales que sigan el formato CSV que te he pedido que produzcas." Aquí, estás ampliando las reglas del programa para obtener respuestas más complejas.

Creando un Programa en la Conversación con los modelos

La programación con ChatGPT es una conversación en la que estableces reglas y patrones para que el modelo las siga. A medida que interactúas con el modelo, puedes ir modificando las reglas y patrones en el programa para obtener resultados diferentes y más complejos. Es como dar instrucciones a un asistente personal y <u>ajustar esas instrucciones a medida que avanzas</u>

¿Qué son los Patrones?
Los patrones son formas específicas de estructurar nuestras declaraciones y frases para resolver problemas o lograr un comportamiento deseado del modelo de lenguaje grande. Estos patrones son como plantillas que le indican al modelo cómo debe responder, ¿qué es un patrón? es una forma en la que documentamos una determinada estructura de frases y enunciados con el fin de resolver un problema concreto con un modelo lingüístico amplio. Los patrones son herramientas poderosas que nos permiten estructurar nuestras solicitudes y resolver problemas de manera efectiva. Al comprender cómo funcionan los patrones y cómo aplicarlos específicamente en este campo, podemos controlar el comportamiento del modelo y abordar una variedad de problemas relacionados con el abastecimiento y las compras de manera más precisa y eficiente. Esto puede ser útil para lograr consistencia en las respuestas o para resolver problemas particulares

Recuerda que los modelos de lenguaje grande se refieren a los modelos de inteligencia artificial que han sido entrenados con una gran cantidad de datos para comprender y generar texto en lenguaje natural de manera más precisa y contextualmente relevante. Estos modelos utilizan técnicas de aprendizaje profundo y procesamiento de lenguaje natural para capturar patrones y estructuras lingüísticas complejas.

Algunos ejemplos de modelos de lenguaje grande incluyen GPT-3 (Generative Pre-trained Transformer 3) desarrollado por OpenAI, BERT (Bidirectional Encoder Representations from Transformers) desarrollado por Google, y GPT-2, también desarrollado por OpenAI.

Patrones y el control del Comportamiento del Modelo

Los patrones en los prompt nos permiten controlar el comportamiento del modelo al proporcionarle una estructura específica para seguir. Esto puede ser útil para lograr consistencia en las respuestas o para resolver problemas particulares. Los patrones son una forma de documentar cómo queremos que el modelo responda a nuestras solicitudes. Estas estructuras nos ayudan a resolver problemas específicos y a obtener respuestas coherentes y útiles

Ejemplos de Problemas que Pueden Resolverse con Patrones

1. **Obtener Respuestas Sí o No**: Si deseamos que el modelo siempre responda con un "sí" o un "no", podemos establecer un patrón que le indique al modelo que simplifique su respuesta.

2. **Resumir Información**: Si queremos que el modelo resuma información, podemos usar un patrón que le indique que presente un resumen conciso de lo que se le pide.

3. **Incluir Ciertas Cosas en las Respuestas**: Si necesitamos que el modelo siempre incluya ciertas palabras o frases en sus respuestas, podemos establecer un patrón que lo indique claramente.

Ejemplo de Patrón en Prompt

1. **Identificar Proveedores Potenciales**: Si necesitamos que el modelo identifique proveedores potenciales para un producto específico, podemos establecer un patrón que le indique cómo buscar y presentar esta información.

Comparar Precios y Calidades: Si queremos que el modelo compare precios y calidades de diferentes productos, podemos establecer un patrón que le indique cómo realizar esta comparación de manera efectiva..

El Patrón Persona

Este punto es una bomba, exploraremos cómo aplicar el poderoso **patrón persona** en el contexto del abastecimiento y las compras. El patrón persona es una herramienta versátil que nos permite obtener respuestas o comportamientos específicos de un modelo de lenguaje grande, al emular la perspectiva o el conocimiento de una persona o entidad particular en el mundo real.

¿Qué es el Patrón Persona?
El patrón persona nos permite emular la perspectiva de una entidad o persona específica en el mundo real para obtener respuestas relacionadas con ese punto de vista o conocimiento, incluso si no sabemos exactamente cómo se verá la respuesta o qué información contendrá.

Ejemplo de Patrón Persona en Abastecimiento y Compras
Supongamos que estamos tratando de obtener una evaluación crítica de una decisión de compra importante, pero no sabemos exactamente cómo debería ser esa evaluación. Podemos utilizar el patrón persona de la siguiente manera: "Actúa como un consultor experto en abastecimiento y compras, con más de 20 años de experiencia proporciona una evaluación crítica de esta decisión de compra……..". Este patrón nos permite obtener una evaluación experta sin necesidad de saber exactamente cómo un experto en abastecimiento y compras formularía su respuesta.

Ejemplos de Problemas que Pueden Resolverse con el Patrón Persona

1. **Evaluación de Proveedores**: Podemos utilizar el patrón persona para obtener evaluaciones críticas de diferentes proveedores y tomar decisiones de compra informadas.

2. **Análisis de Decisiones de Compra**: Al emular la perspectiva de un experto en abastecimiento y compras,

podemos obtener análisis detallados y críticos de decisiones de compra importantes.

3. **Comparación de Productos**: Podemos pedirle al modelo que actúe como un experto en abastecimiento y compras para comparar productos y ayudarnos a tomar decisiones basadas en datos sólidos.

Algunos puntos importantes sobre el Patrón PERSONA

> Para utilizar este patrón, el mensaje debe hacer las siguientes afirmaciones contextuales fundamentales:
> Actuar _**como Persona X**_
> _**Realizar la tarea Y**_
> Deberá sustituir "X" por una persona adecuada, como ejemplo: " consultor" o " experto". A continuación, deberá especificar una tarea para que la persona la realice.

Ejemplos:

Actuar como pediatra. Realice una evaluación de un niño de tres años basándose en la muestra de ……...

Actuar como un ordenador que ha sido víctima de un ciberataque. Responder a lo que yo teclee con la salida que produciría el terminal Linux. Pídame el primer comando.

Actúe como un nutricionista, le diré lo que estoy comiendo y usted me hablará de mis elecciones alimentarias.

Actúe como un chef gourmet, voy a decirle lo que estoy comiendo y usted me hablará de mis elecciones alimentarias.

Veamos un ejemplo del patrón PERSONA, aplicado Abastecimiento:

Caso real practico con CHATGPT 3.5
Default (GPT-3.5)

M

Ahora actúa como un especialista en compras industriales de alta complejidad, tu expertise es compras para insumos de laboratorio , con más de 20 años de experiencia en compra de equipamiento complejo para laboratorio , necesito que seas un especialista en la compra de los equipos PCR , que sirven para el estudio de La "Reacción en cadena de la Polimerasa" (PCR por las siglas en inglés de Polymerase Chain Reaction), es una técnica de biología molecular que busca amplificar millones de veces un fragmento del material genético. Necesito que me ayudes evaluar opciones de PCR analizar las especificaciones de estos equipos complejos, el tipo de insumos que necesitan si hay productos cautivos que necesite que puede generar costos muy altos que se desconocen. Esto es importante para mejorar mi capacidad de tomar decisiones de compra, además que las decisiones son efectivas y garantizan que los equipos adquiridos cumplan con nuestras necesidades y estándares de calidad. Mi propósito es mejorar nuestra capacidad de evaluar estos equipos que son complejos, optimizar las compras y reducir costos innecesarios, también vas a necesitar tener profundos conocimientos de bioquímica y equipamiento químico

ChatGPT

Claro, puedo actuar como un especialista en compras industriales de alta complejidad en el campo de insumos de laboratorio, y puedo proporcionarte asesoramiento en la compra de equipos de PCR (Reacción en Cadena de la Polimerasa) y otros insumos relacionados. Tengo más de 20 años de experiencia en la adquisición de equipamiento complejo para laboratorios, por lo que puedo ayudarte a evaluar tus opciones y tomar decisiones informadas.

Para empezar, aquí hay una serie de pasos que puedes seguir para evaluar las opciones de PCR y asegurarte de que las compras sean efectivas y cumplan con tus necesidades y estándares de calidad:

Comprende tus necesidades:
Identifica el propósito específico de la PCR en tu laboratorio y los volúmenes de trabajo esperados. ¿Necesitas equipos para investigación, diagnóstico o pruebas en masa?

Analiza las especificaciones del equipo:
Investiga las especificaciones técnicas de los equipos de PCR disponibles en el mercado. Esto incluye la capacidad de amplificación, la velocidad de ciclo, la temperatura máxima de trabajo y otros parámetros relevantes.

Evaluación de proveedores:
Investiga y compara diferentes proveedores de equipos de PCR. Considera su reputación, la calidad de sus productos, el soporte postventa y la disponibilidad de repuestos.

Costos totales:
Considera no solo el costo inicial del equipo de PCR, sino también los costos operativos a lo largo del tiempo, incluyendo consumibles como reactivos, placas de PCR, tubos y puntas de pipeta. Además, verifica si hay productos "cautivos" o de un solo proveedor que puedan aumentar los costos a largo plazo.

Validación y calibración:
Asegúrate de que los equipos de PCR se puedan calibrar y validar para cumplir con los estándares de calidad y precisión requeridos para tu aplicación.

Compatibilidad:
Asegúrate de que el equipo de PCR sea compatible con los demás instrumentos y sistemas de tu laboratorio, como termocicladores, espectrofotómetros, etc.

Normativas y regulaciones:
Verifica que el equipo cumpla con las regulaciones y estándares aplicables a la investigación o diagnóstico que realizas en tu laboratorio.

Soporte técnico:
Asegúrate de que el proveedor ofrezca un sólido soporte técnico, incluyendo capacitación para el personal y asistencia en caso de problemas.

Consulta con expertos en bioquímica y química:
Si es necesario, consulta con expertos en tu laboratorio que tengan conocimientos profundos en bioquímica y equipamiento químico para obtener opiniones adicionales.

Negociación de contratos:
Negocia los términos y condiciones del contrato con el proveedor, incluyendo garantías, tiempos de entrega y precios.

Recuerda que la toma de decisiones de compra debe ser un proceso cuidadoso y bien informado. Al seguir estos pasos y contar con una sólida comprensión de tus necesidades y estándares de calidad, podrás optimizar tus compras de equipos de PCR y reducir costos innecesarios. Si tienes preguntas específicas sobre equipos o necesitas asesoramiento adicional, no dudes en preguntar.

> **M**
>
> me podrías ampliar el punto 1 comprende las necesidades , hazlo detalladamente y exhaustivamente

ChatGPT

Por supuesto, comprender tus necesidades es el primer paso crítico en el proceso de evaluación de equipos de PCR. Para hacerlo de manera exhaustiva, considera los siguientes aspectos:

Objetivo de la PCR:
- Define claramente el propósito de la PCR en tu laboratorio. ¿Se utilizará para investigación, diagnóstico clínico, pruebas en masa u otro propósito? Comprender el objetivo principal te ayudará a seleccionar el equipo que mejor se adapte a tus necesidades específicas.

Tipo de PCR:
- Existen diferentes tipos de PCR, como la PCR convencional, PCR en tiempo real (qPCR), PCR digital y PCR cuantitativa. Cada uno tiene sus propias aplicaciones y ventajas. ¿Cuál es el tipo de PCR que necesitas para tu investigación o diagnóstico?

Volumen de trabajo:
- Determina el volumen de trabajo que esperas en tu laboratorio. ¿Realizarás muchas muestras a diario o solo unas pocas ocasiones? Esto afectará la capacidad que necesitas en tu equipo.

Tipo de muestras:
- Considera el tipo de muestras que procesarás. Algunos equipos de PCR están diseñados para manejar muestras de ADN, ARN o proteínas, mientras que otros pueden ser más versátiles. Asegúrate de que el equipo sea compatible con tus tipos de muestras.

Multiplexación:
- Si planeas analizar múltiples objetivos en una sola muestra (multiplexación), asegúrate de que el equipo de PCR sea capaz de realizar esta función. Esto puede ser importante en aplicaciones de diagnóstico y genómica.

Precisión y sensibilidad:
- Define los niveles de precisión y sensibilidad necesarios para tus aplicaciones. Algunas investigaciones requieren alta precisión y detección de bajo nivel de

copias de genes, mientras que otras pueden permitir un margen de error mayor.

Flexibilidad:
- ¿Necesitas la capacidad de realizar una amplia variedad de ensayos o aplicaciones en el mismo equipo? Algunos equipos de PCR ofrecen más flexibilidad en términos de protocolos y ensayos que pueden ejecutar.

Automatización:
- Evalúa si necesitas un equipo de PCR completamente automatizado o si un termociclador tradicional es suficiente. La automatización puede aumentar la eficiencia y reducir la intervención manual.

Requisitos de software:
- Considera las necesidades de software y análisis de datos. Algunos equipos vienen con software específico que puede facilitar el procesamiento y análisis de resultados.

Espacio y recursos:
- Asegúrate de que tengas el espacio y los recursos necesarios para acomodar el equipo de PCR, incluyendo requisitos eléctricos y de ventilación.

Costo y presupuesto:
- Establece un presupuesto realista para la adquisición del equipo de PCR. Comprende los costos iniciales, así como los costos operativos a largo plazo, como consumibles y mantenimiento.

Al analizar detalladamente estos aspectos y comprender tus necesidades específicas en términos de propósito, tipo de PCR, volumen de trabajo y otros factores, estarás en una posición sólida para tomar decisiones informadas al evaluar las opciones de equipos de PCR en el mercado. Esto te ayudará a seleccionar un equipo que se ajuste a tus requerimientos y a optimizar tus compras de insumos de laboratorio.

Fin del Ejemplo con ChatGpt.

Puedes seguir profundizando en cada sub punto consultando o pidiendo sugerencias y preguntas eficaces para ver la validez de mí accionar y si trabajas con CHATGPT 4 podrás hacer consultas a tiempo real de los equipos.

Recuerda algo importante:
El modelo en este caso no ha sido entrenado para solucionar problemas con esta complejidad, en este caso práctico que te mostré es importante que le suministres al modelo la información que te haya enviado el área de laboratorio que hizo la solicitud de pedidos de los PCR, esto en el caso de ser una empresa con un proceso ampliada de abastecimiento, por ejemplo, es probable que haya muchas fuentes de datos privadas que no se ha compartido a CHATGPT sobre las que le gustaría razonar. Tienes tus propios documentos, tienes tus propias bases de datos, tienes todas las cosas de las que te gustaría obtener información para razonar sobre ellas. ¿Cómo se puede hacer eso si el modelo lingüístico amplio no se ha entrenado con esa información? Bueno, para ilustrar cómo se hace esto, necesitamos incorporarlo, le damos la información que necesita para llevar a cabo su razonamiento, que necesitemos si queremos potenciar el modelo. ¿Cómo lo hacemos? Lo introducimos, cada vez que queremos introducir información nueva en el gran modelo lingüístico a la que no tuvo acceso cuando lo entrenaron, todo lo que tenemos que hacer es incluirla en el mensaje y de esa manera lo potenciamos para nuestra ayuda.

Limitaciones a la hora de desarrollar un Prompt y un patrón

Como usuario de modelos de lenguaje grandes, es importante que seas consciente de las limitaciones de los prompt. Los prompt tienen un tamaño máximo, como vimos en la introducción del curso, lo que significa que no puedes proporcionar al modelo una gran cantidad de información de una sola vez.
Esto puede ser un problema cuando se trata de tareas que requieren un gran volumen de información, como la comprensión de un texto complejo o la generación de un texto de gran volumen. En estos casos, es necesario seleccionar y resumir la información relevante antes de proporcionarla al modelo.
Algunos consejos para superar las limitaciones de los prompt:
Sé selectivo con la información que incluyes. No es necesario proporcionar al modelo toda la información disponible. Solo es necesario incluir la información que es relevante para la tarea en cuestión.
Resume la información. Esto puede ayudar a reducir el tamaño del prompt sin perder información importante.
Pide al modelo que resuma la información. Esto puede ser una forma eficaz de obtener un resumen de la información que sea relevante para la tarea en cuestión.
A medida que los modelos de lenguaje grandes sigan creciendo, es probable que estas limitaciones se reduzcan. Sin embargo, es importante ser consciente de ellas y tenerlas en cuenta al diseñar sistemas que utilicen estos modelos.

Cómo aplicar estos consejos
Ser selectivo con la información que incluyes
Cuando estés creando un prompt, tómate un tiempo para pensar en la información que es realmente necesaria para realizar la tarea. ¿Puedes eliminar cualquier información que sea irrelevante o redundante?

Por ejemplo, si estás pidiendo al modelo que resuma un artículo o un contrato muy extenso a veces no es necesario incluir toda la información del artículo. Solo necesitas incluir la información principal, como el título, la fecha, el autor y los puntos clave.

Resumir la información
Si no puedes eliminar toda la información irrelevante, puedes intentar resumirla, incorporarla en varias veces.. Esto puede ayudar a reducir el tamaño del prompt sin perder información importante.
Hay muchas maneras de resumir la información. Puedes usar tus propias palabras, o puedes usar un servicio de resumen automático.
Pedir al modelo que resuma la información
Una forma eficaz de obtener un resumen de la información que sea relevante para la tarea en cuestión es pedir al modelo que lo haga, te pido resumas el siguiente texto articulo etc te pido Resumas : "...el texto..".
Hay varias opciones en este caso una que utilizo a menudo es en POE, que ya vimos como registrarte:
https://poe.com/Claude-instant
Yo utilizo esta opción sin costo, tienes opción paga en caso de necesitar para grandes volúmenes de documentos.
Con ese resumen alimentas el prompt o direccionas la IA , para lo que necesites.

Como debemos conversar con el Prompt y/o el patrón

Las instrucciones que damos en el prompt no son solo únicas que se dan al modelo de lenguaje grande y ya basto..... No debes pensar en ellas simplemente como preguntas o como una sola afirmación, la forma más eficaz de trabajar con un modelo lingüístico amplio, grande es pensar en un <u>mensaje como una conversación</u>, cuando trabajemos con una herramienta como ChatGPT convierte todas nuestras interacciones en un gran mensaje que envía al modelo lingüístico más amplio. Pero por qué es tan importante tener una conversación con un modelo lingüístico amplio en lugar de pensar en hacer una pregunta y obtener la respuesta o dar una instrucción y obtener un resultado. El objetivo de las conversaciones es afinar nuestro entendimiento para construir un entendimiento compartido o interactuar juntos para resolver un problema. Cuando empezamos a trabajar con las conversaciones, se trata de afinar y guiar continuamente algún problema o espacio para alcanzar un objetivo en particular. Cuando pensamos en algo único, tenemos que resolverlo todo ahora mismo, en este momento, no es esta la vision. Tenemos que diseñar un mensaje que funcione vaya hacia nuestros objetivos. Cuando pensamos en una conversación, pensamos en un proceso de refinamiento iterativo. Pero ¿qué significa eso, refinamiento iterativo?

Un Ejemplo:
Imaginemos una situación en un startup de tecnología en el que el equipo de abastecimiento y compras necesita seleccionar diferentes componentes de hardware para construir una nueva línea de productos.

El interlocutor es un Analista de Compras v/o jefe de compras en el equipo, y se encuentra en una reunión de diseño del producto con ingenieros. Han estado discutiendo la elección de componentes como procesadores, sensores y sistemas de almacenamiento para su nueva línea de productos.

El interlocutor se da cuenta de que necesitan una visión general de los componentes principales que se han discutido y si hay alguna limitación o consideración especial para cada uno. Pregunta al modelo:

Interlocutor: "Estamos buscando seleccionar componentes electrónicos de alta calidad para nuestros robots personalizados. Hemos hablado de varios elementos importantes, como procesadores, motores, sensores y circuitos. ¿Podría proporcionarme un resumen de los componentes clave que hemos discutido hasta ahora para asegurarnos de que estamos tomando decisiones de compra informadas?"

El modelo proporcionaría un resumen detallado de los componentes clave que se han estado considerando, lo que ayudaría al equipo de compras a entender mejor las necesidades de abastecimiento y los requisitos de compra para estos componentes.

Interlocutor: "¿Puede proporcionar un resumen de los componentes principales que hemos estado considerando para nuestra nueva línea de productos? Quiero asegurarme de que estamos alineados en nuestras decisiones de compra."
El modelo responde proporcionando una descripción detallada de los componentes clave que se han estado discutiendo en la reunión. Esto ayuda al equipo de abastecimiento a tener una visión general de lo que se necesita para realizar compras efectivas y tomar decisiones informadas sobre la adquisición de estos componentes.
.
Luego, podrías seguir dirigiendo la conversación para obtener orientación sobre proveedores y plazos de entrega:
Interlocutor: "Hemos avanzado en la elección de componentes, pero necesitamos asegurarnos de que seleccionamos los mejores proveedores y gestionamos eficazmente los plazos de entrega. ¿Podría ofrecer algunas recomendaciones sobre cómo podemos evaluar a los proveedores y garantizar que obtendremos estos componentes a tiempo?"

El modelo proporcionaría información sobre la evaluación de proveedores, qué factores considerar y cómo garantizar la gestión efectiva de los plazos de entrega,

Cómo gestionar los plazos de entrega de manera efectiva. Este ejemplo ilustra cómo se puede utilizar la inteligencia artificial en el área de abastecimiento y compras para obtener información relevante y tomar decisiones informadas en la adquisición de componentes y en la gestión de proveedores y plazos de entrega. La conversación es continua y se aprovecha al máximo para obtener resultados útiles y tomar decisiones basadas en los datos proporcionados por el modelo.

Luego, podrías seguir dirigiendo la conversación para obtener orientación sobre proveedores y plazos de entrega:
Interlocutor: "Hemos avanzado en la elección de componentes, pero necesitamos asegurarnos de que seleccionamos los mejores proveedores y gestionamos eficazmente los plazos de entrega. ¿Podría ofrecer algunas recomendaciones sobre cómo podemos evaluar a los proveedores y garantizar que obtendremos estos componentes a tiempo?"
El modelo proporcionaría información sobre la evaluación de proveedores, qué factores considerar y cómo garantizar la gestión efectiva de los plazos de entrega.
La conversación continúa aprovechando el conocimiento del modelo y formulando preguntas de seguimiento para tomar decisiones informadas y resolver problemas durante el proceso de abastecimiento. Esto permite obtener resultados útiles y tomar decisiones basadas en la información proporcionada por el modelo en un contexto de compras en un startup de tecnología.
Debes pensar en la conversación como una semilla, que influirá en todo lo que venga después, porque proporciona las reglas que hay que seguir, y lo que quieras que venga después o no, cada uno establece las barandas que limiten el accionar del modelo conversacional

En Resumen los Prompt es una Herramienta de Uso Repetido. Utilicemos conversaciones Temáticas

Es importante entender que los avisos o "prompts" no son simplemente una única interacción con un modelo de lenguaje grande, como ChatGPT o GPT-3.5. En lugar de pensar en ellos como preguntas o declaraciones aisladas, debemos considerar los avisos como conversaciones continuas y en evolución. Esto es especialmente relevante cuando trabajamos con herramientas basadas en modelos de lenguaje grande, ya que muchas veces estamos construyendo una conversación completa con el modelo.

Ventajas de Ver los Chat como Conversaciones:

1. **Refinamiento Iterativo:** Cuando tratamos una interacción como una conversación, podemos realizar un refinamiento iterativo de la información y las respuestas. En lugar de buscar una respuesta perfecta de inmediato, podemos avanzar paso a paso, haciendo ajustes y refinando nuestra solicitud a medida que avanzamos.

2. **Resolución de Problemas:** Las conversaciones nos permiten resolver problemas de manera colaborativa con el modelo de lenguaje. Podemos hacer preguntas de seguimiento, plantear desafíos y explorar diferentes enfoques para llegar a una solución.

3. **Flexibilidad:** Ver los avisos como conversaciones nos brinda flexibilidad para adaptarnos a las respuestas del modelo. Si una respuesta no es satisfactoria, podemos reformular la pregunta o pedir aclaraciones en la misma conversación.

4. **Ampliación de la Tarea:** A medida que avanzamos en la conversación, podemos ampliar la tarea y solicitar al modelo que realice tareas adicionales o genere más información relacionada con el problema que estamos abordando.

Ejemplo Genérico del Uso de Conversaciones, Aplicado al Área de Abastecimiento y Compras:

Conversación para Optimizar la Gestión de Suministros:

1. **Inicio de la Conversación:** Comenzamos la conversación con ChatGPT pidiéndole que nos oriente sobre cómo mejorar la gestión de suministros en nuestra empresa.

2. **Solicitud de Información General:** ChatGPT nos proporciona una introducción general sobre las mejores prácticas en gestión de suministros, por ejemplo, como la importancia de la planificación, la selección de proveedores eficientes y la optimización de inventarios.

3. **Profundización en un Aspecto Específico:** Deseamos profundizar en el proceso de selección de proveedores si seguimos con ese ejemplo. Preguntamos a ChatGPT sobre cómo identificar proveedores confiables y obtener los mejores precios.

4. **Guía Detallada sobre la Selección de Proveedores:** ChatGPT nos proporciona una guía paso a paso sobre cómo evaluar la confiabilidad de los proveedores, revisar su historial y negociar acuerdos ventajosos.

5. **Solicitud de Ejemplos Prácticos:** Para comprender mejor, solicitamos ejemplos prácticos de cómo otras empresas han implementado con éxito estrategias de selección de proveedores.

6. **Exploracón de Estrategias de Optimización de Inventarios:** Cambiamos de tema y le preguntamos a ChatGPT sobre estrategias avanzadas para optimizar los niveles de inventario y reducir costos de almacenamiento.

7. **Generación de Recomendaciones Específicas:** ChatGPT nos proporciona recomendaciones específicas para nuestra empresa, como implementar un sistema de gestión de inventarios basado en la demanda.

8. **Solicitud de Herramientas y Software:** Queremos conocer las herramientas y software recomendados para llevar a cabo un seguimiento eficiente de los suministros y realizar análisis de datos.

9. **Revisión de las Herramientas Disponibles:** ChatGPT nos enumera algunas herramientas populares y software utilizados en la gestión de suministros y destaca sus características principales.

10. **Solicitud de Resumen y Acciones Finales:** Para finalizar la conversación, solicitamos a ChatGPT que resuma los puntos clave y nos brinde una lista de acciones específicas que podemos tomar para mejorar la gestión de suministros en nuestra empresa

Patrón Refinamiento de Preguntas

Esta es una idea muy simple, queremos intentar tener siempre las mejores preguntas, las mejores sugerencias para interactuar con el gran modelo de lenguaje. Así que simplemente le diremos lo que yo pregunte o sugiera un refinamiento. Voy a mostrarle un pequeño ajuste a esto, que es un ajuste realmente útil de conocer, que es, <u>podemos decir siempre que haga una pregunta sugiera una pregunta mejor y me pregunte si me gustaría usarla en su lugar.</u>

> Para utilizar este patrón, su pregunta debe hacer las siguientes afirmaciones contextuales fundamentales:
> **A partir de ahora, cada vez que haga una pregunta, sugiérame una versión mejor de la pregunta para utilizar en su lugar**

(Opcional) Pregúnteme si me gustaría utilizar la versión mejor en su lugar
Ejemplos:
A partir de ahora, siempre que formule una pregunta, sugiérame una versión mejor de la pregunta para utilizarla en su lugar
A partir de ahora, siempre que formule una pregunta, sugiérame una versión mejor de la pregunta y pregúnteme si me gustaría utilizarla en su lugar

---

Veamos un ejemplo del patrón Refinamiento de Preguntas aplicando ChatGpt

A partir de ahora, cada vez que haga una pregunta, sugiérame una versión mejor de la pregunta para utilizar en su lugar

ChatGPT

ChatGPT

¡Entendido! Adelante, hazme una pregunta y luego sugeriré una versión mejor si es posible.

You

¿Dónde puedo encontrar proveedores de maquinaria industrial?

ChatGPT

ChatGPT

¿Cuáles son algunas fuentes recomendadas para localizar proveedores de maquinaria industrial?

You

A partir de ahora, siempre que formule una pregunta, sugiérame una versión mejor de la pregunta y pregúnteme si me gustaría utilizarla en su lugar

ChatGPT

ChatGPT

¿Te gustaría considerar una versión optimizada de tu pregunta?

You

Dónde puedo encontrar proveedores de materiales de embalaje?

ChatGPT

ChatGPT

¿Cuáles son algunas fuentes recomendadas para ubicar proveedores de materiales de embalaje? ¿Te gustaría utilizar esta versión?

Otros borradores de Ejemplos

Ejemplo en la Práctica - Compras Industriales B2B:
- **Tú:** ¿Dónde puedo encontrar proveedores de maquinaria industrial?
- **Asistente:** Tu pregunta es amplia. Aquí tienes una versión refinada: "¿Cuáles son los principales proveedores de maquinaria industrial especializada en equipos de corte y soldadura en mi región, y cuáles tienen historiales sólidos de satisfacción del cliente?"
- **Asistente:** ¿Quieres usar esta pregunta en su lugar?
- **Tú:** Sí, por favor.

Ejemplo
- **Tú:** A partir de ahora, cada vez que haga una pregunta, sugiérame una versión mejor de la pregunta para utilizar en su lugar.
- **Tú:** ¿Dónde puedo encontrar proveedores de materiales de embalaje?
- **Asistente:** Tu pregunta es bastante general. Aquí tienes una versión refinada: "¿Cuáles son los proveedores de materiales de embalaje más confiables en mi área que ofrecen opciones sostenibles y precios competitivos?"
- **Asistente:** ¿Deseas utilizar esta pregunta en su lugar?
- **Tú:** Sí, por favor.

Ejemplo B2B - Sector Tecnológico:

Tú (B2B): A partir de ahora, cada vez que haga una pregunta, sugiérame una versión mejor de la pregunta para utilizar en su lugar.

Tú (B2B): ¿Cuál es el proveedor más adecuado para adquirir servidores empresariales de alto rendimiento?

Asistente: Tu pregunta es bastante amplia. Aquí tienes una versión refinada: "¿Qué proveedor de servidores empresariales ofrece las soluciones más escalables y personalizadas para satisfacer las necesidades específicas de mi empresa en términos de rendimiento y presupuesto?"

Asistente: ¿Deseas utilizar esta pregunta en su lugar?

Tú (B2B): Sí, por favor.

Este ejemplo se aplica al ámbito B2B, donde una empresa busca proveedores de tecnología para satisfacer sus necesidades empresariales específicas.

Ejemplo B2C - Compras en Línea:

Tú (B2C): A partir de ahora, cada vez que haga una pregunta, sugiérame una versión mejor de la pregunta para utilizar en su lugar.

Tú (B2C): ¿Dónde puedo encontrar las mejores ofertas en línea para comprar ropa de marca a precios económicos?

Asistente: Tu pregunta es bastante general. Aquí tienes una versión refinada: "¿Cuáles son los sitios web de compras en línea más confiables que ofrecen descuentos significativos en ropa de marca, y cuáles son las estrategias para encontrar las mejores ofertas en estos sitios?"

Asistente: ¿Deseas utilizar esta pregunta en su lugar?

Tú (B2C): Sí, por favor.

Este ejemplo se aplica al ámbito B2C, donde un consumidor busca obtener la mejor oferta al comprar ropa de marca en línea.

Beneficios del Refinamiento de Preguntas
- Obtendrás preguntas específicas que te ayudarán a tomar decisiones comerciales informadas.
- Puedes ahorrar tiempo al obtener respuestas precisas desde el principio.
- La técnica te permite explorar aspectos específicos de tus necesidades comerciales.

Patrón de verificador cognitivo

El patrón de "Verificador Cognitivo" es una estrategia valiosa que se puede utilizar para mejorar nuestras interacciones con grandes modelos de lenguaje, como ChatGPT. En esta lección, exploraremos en detalle qué es el patrón de Verificador Cognitivo y cómo puede ayudarnos a obtener respuestas más precisas y razonadas de estos modelos de lenguaje.
Imagina tener la capacidad de descomponer un problema o pregunta compleja en una serie de preguntas más pequeñas y manejables, lo que nos permite abordarlo de manera más efectiva. Este patrón se basa en la idea de que los modelos de lenguaje, como ChatGPT, pueden razonar mejor cuando desglosan un problema en varios sub-problemas y explican su proceso de pensamiento.
El patrón de Verificador Cognitivo nos permite instruir a un modelo de lenguaje grande para que divida una pregunta o problema en una serie de preguntas individuales o sub-problemas que puedan ser útiles para responder la pregunta general. Luego, combina las respuestas a estas preguntas individuales para proporcionar una respuesta más precisa y fundamentada a la pregunta original.

Para utilizar el **patrón del verificador cognitivo**, tu pregunta debe hacer las siguientes afirmaciones contextuales fundamentales:

> **Cuando le hagan una pregunta, siga estas reglas:**
> Genere una serie de preguntas adicionales que le ayuden a responder con mayor precisión a la pregunta. Combine las respuestas a las preguntas individuales para producir la respuesta final a la pregunta general

.

Veamos un ejemplo del patrón Verificador cognitivo

M

Cuando le hagan una pregunta, siga estas reglas: Genere una serie de preguntas adicionales que le ayuden a responder con mayor precisión a la pregunta Combine las respuestas a las preguntas individuales para producir la respuesta final a la pregunta general

M ¿Cuál es la estrategia óptima para reducir costos en la adquisición de componentes electrónicos para nuestros productos?

ChatGPT
:

¿Cuál es la estrategia óptima para reducir costos en la adquisición de componentes electrónicos para nuestros productos?

Siguiendo el Patrón de verificador cognitivo, generemos una serie de preguntas adicionales para recopilar información más específica:

1. ¿Qué componentes electrónicos necesitamos adquirir?
2. ¿Cuál es el volumen de adquisición que tenemos previsto?
3. ¿Tenemos acuerdos previos con proveedores para estos componentes?
4. ¿Tenemos restricciones de tiempo para adquirir los componentes?
5. ¿Qué mercados o regiones son relevantes para la adquisición?

Una vez obtenidas respuestas a estas preguntas, podríamos combinarlas para desarrollar una estrategia de adquisición específica, ajustando los detalles de la estrategia según los componentes necesarios, el volumen, los acuerdos previos, el tiempo y las restricciones geográficas. Esto permitiría reducir los costos de manera eficiente y precisa en el área de abastecimiento y compras.

Este enfoque ayuda a refinar la respuesta general y proporcionar una estrategia de adquisición más específica y precisa para reducir costos en el área de abastecimiento y compras.

Fin del Ejemplo ChatGpt 3.5

Otros ejemplos:
Patrón de Verificador Cognitivo - Compras B2B:
Tú (B2B): A partir de ahora, cada vez que haga una pregunta, sugiérame una versión mejor de la pregunta para utilizar en su lugar.
Tú (B2B): ¿Cómo puedo mejorar la eficiencia en la cadena de suministro de mi empresa?
Asistente: Tu pregunta es bastante amplia. Aquí tienes una versión refinada: "¿Cuáles son las áreas específicas de mi cadena de suministro que podrían beneficiarse de la optimización y qué estrategias exitosas han implementado otras empresas en mi industria para mejorar la eficiencia en esas áreas?"
Asistente: ¿Deseas utilizar esta pregunta en su lugar?
Tú (B2B): Sí, por favor.

Este ejemplo se aplica al ámbito B2B, donde una empresa busca mejorar la eficiencia en su cadena de suministro, y el patrón de verificador cognitivo ayuda a dividir la pregunta en subpreguntas útiles para obtener una respuesta más precisa.

Patrón de Verificador Cognitivo - Compras B2C:

Tú (B2C): A partir de ahora, cada vez que haga una pregunta, sugiérame una versión mejor de la pregunta para utilizar en su lugar.

Tú (B2C): ¿Cómo puedo elegir la mejor computadora portátil para mis necesidades de trabajo y entretenimiento?

Asistente: Tu pregunta es bastante amplia. Aquí tienes una versión refinada: "¿Cuáles son los aspectos más importantes a considerar al seleccionar una computadora portátil que sea óptima tanto para el trabajo como para el entretenimiento, y qué modelos específicos han recibido buenas críticas por su rendimiento en ambas áreas?"

Asistente: ¿Deseas utilizar esta pregunta en su lugar?

Tú (B2C): Sí, por favor.

Este ejemplo se aplica al ámbito B2C, donde un consumidor busca orientación sobre la elección de una computadora portátil versátil, y el patrón de verificador cognitivo ayuda a dividir la pregunta en subpreguntas relevantes para obtener una respuesta más precisa y útil

Patrón de Verificador Cognitivo Ejemplo - Compras B2B):
Prompt :"Cuando necesite evaluar a un nuevo proveedor para mi empresa, siga estas reglas. Genere una serie de preguntas adicionales sobre la experiencia del proveedor en la industria, sus capacidades de producción, su historial de entregas puntuales y su capacidad para ofrecer precios competitivos. Combine las respuestas a estas preguntas para tomar una decisión informada sobre si debemos establecer una relación comercial con ese proveedor."

Patrón de Persona de la Audiencia

El patrón de Persona de la Audiencia es una técnica que permite que el modelo de lenguaje, como ChatGPT, produzca <u>respuestas adaptadas específicamente a un tipo de audiencia o persona determinada</u>. A continuación, se presentan dos ejemplos aplicados al área de compras y abastecimiento:

Para utilizar este patrón, su pregunta debe hacer las siguientes afirmaciones contextuales fundamentales:

> - Explíqueme X.
> - Suponga que soy la Persona Y.

> Tendrá que sustituir "Y" por una persona adecuada, como "tiene una formación limitada en informática" o "es un experto en atención sanitaria". A continuación, deberá especificar el tema X que debe explicarse.

Contexto: *El responsable de compras se encuentra ante un problema en el que necesita comprar una gran cantidad de equipo de oficina para el próximo año fiscal. Sin embargo, esta compra significaría un gasto significativo y podría afectar los presupuestos de la empresa. El responsable de compras necesita explicar esta situación al responsable de finanzas para obtener su aprobación.*

Veamos un ejemplo del patrón de Persona de la Audiencia, utilizando ChatGpt 3.5:

> Desde la perspectiva de nuestro jefe de finanzas, ¿cómo puedo explicarle la necesidad de adquirir una gran cantidad de equipo de oficina para el próximo año fiscal sin exceder nuestro presupuesto? ¿Cuáles son los argumentos financieros sólidos que puedo presentar para obtener su aprobación?"

ChatGPT

Excelente pregunta. Desde la perspectiva de nuestro jefe de finanzas, podrías considerar lo siguiente:

1. Análisis de Costo-Beneficio: Resaltar el retorno de inversión (ROI) a largo plazo de la adquisición de este equipo de oficina. Muestra cómo la inversión inicial se traducirá en ahorros y eficiencias operativas con el tiempo.
2. Presupuesto a Largo Plazo: Presenta un plan a largo plazo que demuestre cómo la compra de este equipo se ajusta a nuestro presupuesto anual y cómo se amortizará a lo largo de varios años.
3. Evaluación de Proveedores: Muestra que has investigado diferentes proveedores y has negociado acuerdos favorables para obtener el mejor precio posible, lo que garantiza que se respete el presupuesto.
4. Impacto en la Productividad: Explica cómo este equipo mejorará la productividad de los empleados y, en última instancia, contribuirá al crecimiento de la empresa.
5. Alternativas y Comparaciones: Presenta alternativas de adquisición, como el arrendamiento frente a la compra, y proporciona comparaciones detalladas para respaldar tu elección.
6. Plan de Mantenimiento: Incluye un plan de mantenimiento preventivo que asegure que el equipo funcione sin problemas durante su vida útil.
7. Beneficios Tributarios: Resalta los posibles beneficios fiscales, como deducciones de depreciación, que podrían ayudar a reducir la carga fiscal de la empresa.

Asegúrate de proporcionar datos sólidos y cifras concretas para respaldar tus argumentos financieros y demuestra cómo esta inversión es estratégica y beneficiosa para la empresa en su conjunto

M

Podrías ampliar el punto 1

ChatGPT

Claro, puedo ampliar el punto 1.

El análisis de costo-beneficio es una herramienta crucial al presentar la necesidad de adquirir una gran cantidad de equipo de oficina. Aquí hay algunos aspectos clave para enfocarse al explicar este enfoque desde la perspectiva del jefe de finanzas:

1. **Retorno de Inversión (ROI):** Destaca cómo la inversión en el equipo de oficina resultará en un ROI positivo. Por ejemplo, si estás comprando computadoras más modernas y eficientes, podrías demostrar cómo estas computadoras permitirán a los empleados trabajar más rápido y con menos errores, lo que llevará a un aumento en la producción. Esto se traducirá en mayores ingresos para la empresa a lo largo del tiempo, lo que superará con creces el costo inicial de adquisición.
2. **Ahorros a Largo Plazo:** Muestra cómo la adquisición de este equipo de oficina puede generar ahorros significativos a largo plazo. Esto podría incluir ahorros en mantenimiento, reparaciones y costos operativos debido a la mayor eficiencia y confiabilidad del nuevo equipo.
3. **Comparación de Costos:** Realiza una comparación detallada de los costos de adquirir nuevo equipo de oficina en lugar de mantener el equipo antiguo. Incluye el costo de propiedad a lo largo del tiempo, incluidos los costos operativos y de mantenimiento.
4. **Caso de Negocio Sólido:** Construye un sólido caso de negocio que muestre cómo esta inversión es fundamental para el éxito continuo de la empresa. Presenta datos

cuantitativos siempre que sea posible para respaldar tus afirmaciones.
5. **Estrategia a Largo Plazo:** Describe cómo esta inversión está alineada con la estrategia a largo plazo de la empresa y cómo contribuirá al crecimiento y la rentabilidad.

6. En resumen, el análisis de costo-beneficio demuestra que la inversión en el equipo de oficina es financieramente viable y beneficiosa para la empresa a largo plazo, lo que debería tranquilizar al jefe de finanzas sobre su aprobación.
7. Fin del ejemplo con ChatGpt 3.5

Otros Ejemplos
Ejemplo 1 - Compras B2B :
Usuario Comprador (UC): Explica cómo funcionan los sistemas de gestión de inventario en la cadena de suministro. Supongamos que soy un director de operaciones con experiencia en logística.
ChatGPT: Claro, como director de operaciones con experiencia en logística, ya tienes un conocimiento sólido de la gestión de inventario en la cadena de suministro. Permíteme explicarte cómo funcionan estos sistemas en términos más avanzados. Los sistemas de gestión de inventario se utilizan para optimizar el flujo de productos en la cadena de suministro. Se basan en algoritmos de pronóstico y análisis de datos para prever la demanda y gestionar los niveles de inventario de manera eficiente.

Otro ejemplo: Compras B2C (de empresa a consumidor minorista):

Usuario Comprador (UC): Explícame cómo elegir productos de calidad para mi tienda minorista en línea. Supongamos que soy el dueño de una tienda de productos para el hogar en línea y estoy buscando proveedores confiables.

ChatGPT: ¡Por supuesto! Como dueño de una tienda minorista en línea de productos para el hogar, es esencial seleccionar proveedores confiables para mantener la calidad de tus productos. Aquí tienes algunos consejos clave:

1. Investiga a los proveedores: Investiga sobre los proveedores potenciales. Verifica su historial, reputación y la calidad de sus productos. Puedes buscar reseñas en línea y consultar con otros minoristas en línea para obtener recomendaciones.

2. Comunicación: Establece una comunicación clara y abierta con los proveedores. Pregunta sobre sus procesos de fabricación, estándares de calidad y capacidad para satisfacer tus necesidades de suministro.

3. Muestra de productos: Solicita muestras de los productos que planeas vender en tu tienda. Esto te permitirá evaluar la calidad, el embalaje y la presentación. Asegúrate de que los productos se ajusten a tus estándares.

4. Políticas de devolución: Asegúrate de comprender las políticas de devolución de los proveedores. Esto es importante en caso de que necesites devolver productos defectuosos o no deseados.

5. Precios y condiciones: Negocia los precios y las condiciones de pago con los proveedores. Compara las ofertas de varios proveedores para obtener los mejores términos.

6. Control de calidad: Implementa un sistema de control de calidad en tu tienda minorista en línea. Esto te ayudará a garantizar que los productos cumplen con tus estándares antes de enviarlos a los clientes.

Recuerda que la confiabilidad y la calidad son fundamentales para mantener la satisfacción de tus clientes y el éxito de tu tienda minorista en línea.

En este nuevo ejemplo, ChatGPT adapta la explicación para un dueño de una tienda minorista en línea, centrándose en la selección de proveedores confiables y productos de calidad para el negocio minorista B2C.

Estos ejemplos demuestran cómo el patrón de Persona de la Audiencia permite que ChatGPT adapte su respuesta según la audiencia específica, proporcionando información relevante y adecuada a las necesidades y conocimientos del usuario comprador en diferentes contextos.

Patrón de interacción invertido

El patrón de interacción invertida es una técnica útil para hacer que un modelo de lenguaje amplio te haga preguntas en lugar de proporcionarte respuestas. Esto es especialmente útil cuando no sabes cuáles son todas las preguntas necesarias para abordar un problema o cuando deseas que el modelo te guíe a través de un proceso o cuestionario.

Para utilizar este patrón, su pregunta debe hacer las siguientes afirmaciones contextuales fundamentales:

> Me gustaría que me hiciera preguntas para lograr X

> Debe hacerme preguntas hasta que se cumpla la condición Y o para lograr este objetivo (alternativamente, para siempre)

(Opcional) hágame las preguntas de una en una, de dos en dos, hágame la primera pregunta, etc.

Deberá sustituir "X" por un objetivo apropiado, como "crear un plan de comidas" o "crear variaciones de mis materiales de marketing" Deberá especificar cuándo dejar de hacer preguntas con Y. Algunos ejemplos son "hasta que tenga suficiente información sobre mi público y mis objetivos" o "hasta que sepa lo que me gusta comer y mis objetivos calóricos"

Veamos un ejemplo del patrón de interacción invertido aplicando ChatGpt 3.5

> Hazme peguntas sobre como diseñar un contrato de compra de un túnel de congelamiento a un proveedor del exterior, necesito incluir todos los puntos necesarios en el contrato, para eso necesito tus mejores y mas exhaustivas sugerencias para desarrollar el contrato junto al area de legales. hazme la primera pregunta

ChatGPT

Claro, para diseñar un contrato de compra de un túnel de congelamiento con un proveedor del exterior, es fundamental incluir todos los puntos necesarios.

Comencemos con la primera pregunta:

1. ¿Cuáles son las especificaciones técnicas detalladas del túnel de congelamiento que necesitamos adquirir? Esto puede incluir dimensiones, capacidad de congelación, tipo de refrigerante, requisitos de energía, y cualquier otra característica técnica relevante.

2. M

te paso las especificaciones técnicas : " Dimensiones Longitud: 100 metros Ancho: 10 metros Altura: 10 metros Capacidad de almacenamiento: 700 cabezas de ganado Capacidad de congelación: 700 cabezas de ganado por día Temperatura de entrada: 37 °C Temperatura de salida: -20 °C Tiempo de congelación Tiempo de congelación: 24 horas Sistema de refrigeración Sistema de refrigeración por aire Potencia del sistema de refrigeración: 1000 kW Sistema de ventilación Sistema de ventilación forzada Velocidad de aire: 2 m/s Sistema de control Sistema de control automático Monitorización de la temperatura y la humedad Otros Plataforma de carga y descarga Sistema de pesaje Sistema de alarma Explicación de las especificaciones Dimensiones: El túnel debe ser lo suficientemente grande para almacenar 700 cabezas de ganado. Capacidad: El túnel debe tener una capacidad de almacenamiento suficiente para almacenar 700 cabezas de ganado. Temperatura: La temperatura del túnel debe ser de -20 °C para congelar el ganado de forma adecuada. Tiempo de congelación: El túnel debe congelar el ganado en 24 horas. Sistema de refrigeración: El sistema de refrigeración debe tener una potencia suficiente para enfriar el túnel a -20 °C. Sistema de ventilación: El sistema de ventilación debe garantizar que el aire circule de forma uniforme por el túnel. Sistema de control: El sistema de control debe monitorizar la temperatura y la humedad del túnel. Otros: El túnel debe tener una plataforma de carga y descarga, un sistema de pesaje y un sistema de alarma. Consideraciones adicionales Ubicación: El túnel debe estar ubicado en un lugar que sea adecuado para el almacenamiento de productos congelados. Instalación: La instalación del túnel debe ser realizada por un equipo de profesionales. Mantenimiento: El túnel debe ser mantenido regularmente para garantizar su correcto funcionamiento."

ChatGPT

1. Excelente, gracias por proporcionar las especificaciones técnicas detalladas del túnel de congelamiento. Ahora, para continuar diseñando el contrato, aquí tienes la siguiente pregunta:

2. ¿Qué términos y condiciones se deben establecer con respecto a la entrega y el plazo de entrega del túnel de congelamiento desde el proveedor en el extranjero? Esto incluirá detalles sobre la fecha de entrega, el lugar de entrega y cualquier requisito de envío

Fin del ejemplo practico

Borradores de otros ejemplos
Ejemplo de Interacción Invertida - Proceso de Compras y Abastecimiento:
Usuario: Quiero realizar una compra de suministros para mi empresa. Por favor, ayúdame a través del proceso de compras y abastecimiento. Hazme la primera pregunta.
ChatGPT: Claro, estaré encantado de ayudarte. Mi primera pregunta es: ¿Cuál es el tipo de suministro que necesitas comprar? Por favor, proporciona detalles sobre el producto o servicio específico que requieres.
Usuario: Necesito comprar suministros de oficina, como papel, bolígrafos, tinta para impresora y carpetas.
ChatGPT: Entendido. Ahora, ¿cuántos de cada artículo necesitas y cuál es la cantidad estimada que usarás en un mes?
Usuario: Necesito 10 paquetes de papel, 20 bolígrafos, 5 cartuchos de tinta para impresora y 15 carpetas al mes.
ChatGPT: Gracias por la información. ¿Tienes algún proveedor de confianza al que prefieras comprar estos suministros, o estás abierto a sugerencias sobre proveedores?
Usuario: Estoy abierto a sugerencias sobre proveedores. No tengo una preferencia específica.
ChatGPT: Excelente. ¿Tienes un presupuesto asignado para esta compra de suministros? Si es así, ¿cuál es ese presupuesto?

Usuario: Tengo un presupuesto de $500 para esta compra.
ChatGPT: Muy bien, eso es útil. Ahora, ¿cuál es tu ubicación o la ubicación de tu empresa? Esto es importante para considerar los costos de envío y la disponibilidad de los suministros en tu área.
Usuario: Mi empresa está ubicada en [ciudad o región].
ChatGPT: Gracias por proporcionar esa información. Para finalizar, ¿hay algún requisito especial o preferencia que deba tener en cuenta al buscar proveedores y suministros? Por ejemplo, ¿necesitas que los suministros sean ecológicos o reciclables?
Usuario: Sí, preferiría que los suministros fueran ecológicos y reciclables, si es posible.
ChatGPT: Perfecto, ahora tengo una comprensión más clara de tus necesidades. Utilizaré esta información para buscar proveedores de suministros de oficina ecológicos y reciclables en tu área. Te proporcionaré opciones y detalles de precios una vez que haya realizado la búsqueda. ¿Tienes alguna otra consideración o detalle que desees agregar antes de comenzar la búsqueda?
Usuario: No, eso es todo. Adelante con la búsqueda, por favor.
ChatGPT: Estupendo, comenzaré la búsqueda de proveedores y suministros de oficina ecológicos y reciclables en [ciudad o región]. Te contactaré con las opciones disponibles y los precios tan pronto como los tenga. ¡Gracias por utilizar este servicio y espero que encuentres los suministros que necesitas!
En este ejemplo, el usuario solicitó la ayuda de ChatGPT para guiarlo a través del proceso de compras y abastecimiento de suministros de oficina. El modelo generó una serie de preguntas relevantes para recopilar información detallada sobre los requisitos del usuario, como el tipo y la cantidad de suministros, el presupuesto, la ubicación y las preferencias ecológicas. Una vez recopilada esta información, el modelo se comprometió a buscar proveedores y suministros que se ajusten a los criterios proporcionados por el usuario.

Otro Ejemplo

Ejemplo de Interacción Invertida - Proceso de Abastecimiento Global en Comercio Exterior:

Usuario: Estoy buscando abastecerme de productos electrónicos para mi negocio de importación y exportación. Necesito orientación en el proceso de adquisición global. ¿Podrías ayudarme?

ChatGPT: Por supuesto, estaré encantado de ayudarte. Comencemos por recopilar información clave. Mi primera pregunta es: ¿qué tipo de productos electrónicos estás interesado en adquirir para tu negocio? Por favor, proporciona detalles sobre los productos específicos que necesitas.

Usuario: Estoy buscando comprar teléfonos móviles, tabletas y accesorios electrónicos relacionados.

ChatGPT: Entendido. Ahora, ¿cuántas unidades de cada uno de estos productos planeas adquirir en esta operación de abastecimiento global? Además, ¿tienes una estimación del volumen de ventas o demanda de estos productos?

Usuario: Planeo adquirir 500 teléfonos móviles, 200 tabletas y 1,000 accesorios electrónicos. En cuanto a la demanda, espero vender al menos el 80% de estos productos en los próximos tres meses.

ChatGPT: Gracias por proporcionar esos detalles. ¿Tienes alguna preferencia o requisito específico con respecto al país o región de origen de estos productos electrónicos? ¿O estás buscando la opción más rentable sin restricciones geográficas?

Usuario: Estoy buscando la opción más rentable, sin restricciones geográficas en cuanto a la procedencia de los productos.

ChatGPT: Entiendo. Ahora, ¿tienes un presupuesto asignado para esta operación de abastecimiento global? Si es así, ¿cuál es tu presupuesto disponible para esta compra?

Usuario: Tengo un presupuesto de $50,000 para esta operación de abastecimiento.

ChatGPT: Perfecto, eso es útil. Para continuar, ¿necesitas que los productos electrónicos cumplan con ciertas normativas o estándares de calidad específicos para su importación a tu país? Por favor, proporciona detalles sobre cualquier requisito legal o técnico.

Usuario: Sí, deben cumplir con las normativas de seguridad y calidad de mi país. Además, necesito que estén certificados para la importación.

ChatGPT: Gracias por la información adicional. Por último, ¿tienes una fecha límite específica para recibir estos productos electrónicos? Esto es importante para coordinar el proceso de envío y entrega.

Usuario: Preferiría recibir los productos en un plazo de 60 días a partir de hoy, si es posible.

ChatGPT: Entendido. Ahora que tengo una comprensión más clara de tus necesidades y requisitos, utilizaré esta información para buscar proveedores de productos electrónicos a nivel global que se ajusten a tus criterios. Analizaré opciones de precio, calidad y plazos de entrega. ¿Tienes alguna otra consideración o detalle que desees agregar antes de que comience la búsqueda?

Usuario: No, eso es todo. Adelante con la búsqueda, por favor.

ChatGPT: Comenzaré la búsqueda de proveedores de productos electrónicos que cumplan con tus requisitos. Te contactaré con las opciones disponibles y los detalles de precios tan pronto como los tenga. ¡Gracias por utilizar este servicio y espero que encuentres los productos electrónicos que necesitas para tu negocio de importación y exportación!

En este ejemplo, el usuario busca orientación en el proceso de abastecimiento global de productos electrónicos para su negocio de importación y exportación

Ejemplo de Interacción Invertida - Compra de Material de Embalaje (chat gpt / Bard/ Poe)

Ejemplo Ampliado de Interacción Invertida - Compra de Material de Embalaje:

Usuario: *Necesito comprar material de embalaje para mi negocio. Quiero asegurarme de que el proceso de compra sea eficiente y cumpla con mis necesidades. ¿Puedes guiarme?*

ChatGPT: *Por supuesto, estaré encantado de ayudarte en el proceso de compra de material de embalaje. Comencemos por recopilar información clave. Mi primera pregunta es: ¿qué tipo de productos necesitas en tu material de embalaje? Por favor, proporciona detalles sobre los productos específicos que planeas empacar.*

Usuario: *Estoy buscando cajas de cartón corrugado, cintas adhesivas y relleno de protección como burbujas de aire. Para ser más específico, necesito lo siguiente:*

1. ***Cajas de Cartón Corrugado:***
   - *Tamaño: Mediano*
   - *Dimensiones: 12" x 10" x 8" (largo x ancho x alto)*
   - *Calidad: Preferiblemente cartón corrugado de doble pared*
   - *Cantidad: 500 unidades*

2. ***Cintas Adhesivas:***
   - *Tipo: Cintas adhesivas de embalaje estándar*
   - *Longitud por rollo: 50 metros*
   - *Cantidad de rollos: 20 unidades*

3. ***Material de Relleno de Protección:***
   - *Tipo: Burbujas de aire*
   - *Tamaño del rollo: 12" de ancho*
   - *Longitud del rollo: 500 pies*
   - *Cantidad de rollos: 10 unidades*

ChatGPT: *Gracias por proporcionar detalles tan específicos. Esto nos ayudará a encontrar exactamente lo que necesitas. Ahora, ¿tienes alguna preferencia en cuanto a los tamaños específicos de las cajas de cartón corrugado? ¿O cualquier otro requisito especial que deba conocer?*

Usuario: Las cajas de cartón deben ser de tamaño mediano, lo suficientemente grandes para empacar productos de tamaño promedio. Además, prefiero que sean resistentes y de alta calidad.

ChatGPT: Excelente, eso es útil. Ahora, ¿tienes un presupuesto asignado para la compra de este material de embalaje? Si es así, ¿cuál es tu presupuesto disponible para esta compra?

Usuario: *Mi presupuesto máximo es de $2,000 para la adquisición de material de embalaje.*

ChatGPT: *Entiendo. ¿Tienes alguna fecha específica en la que necesitas tener este material de embalaje disponible para su uso? Esto es importante para coordinar la entrega y el cumplimiento de tus plazos.*

Usuario: Preferiría recibir el material dentro de las próximas tres semanas, si es posible.

ChatGPT: Gracias por proporcionar esos detalles. Ahora que tengo una comprensión más clara de tus necesidades y requisitos, utilizaré esta información para buscar proveedores de material de embalaje que se ajusten a tus criterios. Analizaré opciones de precio, calidad y plazos de entrega. ¿Tienes alguna otra consideración o detalle que desees agregar antes de que comience la búsqueda?

Usuario: *No, eso es todo. Por favor, procede con la búsqueda.*

ChatGPT: Comenzaré la búsqueda de proveedores de material de embalaje que cumplan con tus requisitos específicos. Te contactaré con las opciones disponibles y los detalles de precios tan pronto como los tenga. ¡Gracias por utilizar este servicio y espero que encuentres el material de embalaje que necesitas para tu negocio!

En esta versión ampliada, el usuario proporciona detalles muy específicos sobre los productos de material de embalaje que necesita, incluyendo las dimensiones de las cajas de cartón corrugado, las especificaciones de las cintas adhesivas y el tipo y tamaño del material de relleno de protección. Esta información adicional ayuda a garantizar que el proceso de compra sea aún más preciso y eficiente, ya que se ajusta a las necesidades exactas del usuario.

En este ejemplo, el usuario busca asistencia en el proceso de compra de material de embalaje, que incluye cajas de cartón corrugado, cintas adhesivas y material de relleno de protección. El modelo genera una serie de preguntas relevantes para recopilar información detallada sobre los productos necesarios, las cantidades, los requisitos de calidad, el presupuesto y las fechas de entrega. Luego, el modelo se compromete a buscar proveedores que se ajusten a los criterios proporcionados por el usuario y coordinar el proceso de compra de material de embalaje

Ejemplo Ampliado de Interacción Invertida - Compra de Válvula para Sistema de Gas:

Usuario: Necesito adquirir una válvula para un sistema de gas que estoy instalando en mi empresa. Me gustaría asegurarme de obtener la válvula adecuada para mis necesidades. ¿Puedes ayudarme con esto?

ChatGPT: Por supuesto, con mucho gusto te ayudaré a encontrar la válvula de gas adecuada. Para empezar, necesito recopilar información específica. Mi primera pregunta es: ¿puedes proporcionar detalles sobre el tipo de gas que se utilizará en tu sistema? ¿Es gas natural, propano u otro tipo de gas?

Usuario: Estoy utilizando gas natural en mi sistema.

ChatGPT: Gracias por la información. Ahora, ¿podrías describir el flujo de gas necesario para tu sistema? ¿Cuál es la presión de funcionamiento y la capacidad de flujo requerida en metros cúbicos por hora (m^3/h) o litros por minuto (L/min)?

Usuario: La presión de funcionamiento es de 15 psi (libras por pulgada cuadrada) y la capacidad de flujo requerida es de aproximadamente 50 m^3/h.

ChatGPT: Entendido. Ahora, ¿puedes proporcionar más detalles sobre las condiciones ambientales en las que se instalará esta válvula de gas? Por ejemplo, ¿estará expuesta a condiciones extremas de temperatura o humedad?

Usuario: La válvula estará ubicada en un entorno interior, por lo que no estará expuesta a condiciones extremas de temperatura o humedad.

ChatGPT: Perfecto, eso es útil para la selección adecuada de la válvula. ¿Hay alguna preferencia en cuanto al tipo de válvula que estás buscando? ¿Estás interesado en una válvula de solenoide, una válvula de bola, una válvula de mariposa u otro tipo específico?

Usuario: Estoy considerando una válvula de solenoide para este proyecto.

ChatGPT: Excelente elección. Ahora, ¿tienes un presupuesto asignado para la compra de esta válvula de gas? Si es así, ¿cuál es tu presupuesto máximo disponible?

Usuario: Mi presupuesto máximo para la válvula es de $500.

ChatGPT: Gracias por proporcionar esa información. Por último, ¿hay alguna fecha específica en la que necesitas tener esta válvula de gas lista para su instalación en tu sistema? Esto es importante para coordinar la entrega y cumplir con tus plazos.

Usuario: Preferiría recibir la válvula dentro de las próximas dos semanas, si es posible.

ChatGPT: Entendido, tomaré en cuenta tu fecha objetivo. Con toda esta información detallada, realizaré una búsqueda de proveedores que ofrezcan válvulas de solenoide de gas que cumplan con tus requisitos específicos. Analizaré opciones de precio, calidad y plazos de entrega. ¿Tienes alguna otra consideración o detalle que desees agregar antes de que comience la búsqueda?

Usuario: No, eso es todo. Por favor, adelante con la búsqueda y gracias por tu ayuda.

ChatGPT: Comenzaré la búsqueda de proveedores de válvulas de solenoide de gas que se ajusten a tus necesidades. Te contactaré con las opciones disponibles y los detalles de precios tan pronto como los tenga. Espero que encuentres la válvula de gas perfecta para tu sistema. ¡Gracias por utilizar este servicio!.

Patrón de Pocos Disparos

El patrón de "Ejemplos de Pocos Disparos" es una técnica efectiva para enseñar al modelo de lenguaje cómo realizar una tarea específica a través de ejemplos de entrada y salida,este patrón es especialmente útil cuando deseas enseñar al modelo a realizar una tarea específica basada en ejemplos y no quieres describir explícitamente el proceso. El modelo aprende a partir de los ejemplos proporcionados y puede aplicar este aprendizaje a nuevas tareas similares.

Los patrones de prompt de pocos disparos son una herramienta poderosa que puede utilizarse para enseñar a un modelo de lenguaje grande a realizar una variedad de tareas. Son especialmente útiles cuando tenemos datos que describen la tarea que queremos realizar.

Algunos puntos clave a tener en cuenta:

- Los patrones de prompt de pocos disparos son una forma de enseñar a un modelo de lenguaje grande a seguir un patrón.

- En lugar de describir el proceso que queremos que siga el modelo, le proporcionamos ejemplos de la entrada y la salida que queremos que genere.

- Los patrones de prompt de pocos disparos pueden utilizarse para enseñar a un modelo de lenguaje grande a realizar una variedad de tareas.

- Son especialmente útiles cuando tenemos datos que describen la tarea que queremos realizar.

Veamos un ejemplo del patrón de Pocos Disparos aplicando ChatGpt 3.5

Análisis de Sentimiento
(Veamos un ejemplo para ver como actúa Chat gpt 3.5,y Bard de Google

M

Input: La película era buena, pero un poco larga.
Sentimiento: neutro

Input: La película era buena
Sentimiento: positivo

Input: Me encanta este libro. Fue muy útil para aprender cómo mejorar mi salud mental
Sentimiento: positivo

Input: No me gustó mucho este libro, le faltaban detalles importantes y no terminó teniendo sentido.
Sentimiento: negativo.

ChatGPT

Entendido, veo que has proporcionado algunos ejemplos junto con los sentimientos asociados. Ahora, ¿en qué te gustaría que practiquemos estos ejemplos o qué aspecto específico del patrón deseas abordar?

M

Input : no estaba seguro de qué pensar de este nuevo restaurante. El servicio era lento, pero los platos estaban bastante buenos. Luego hacemos hicimos cola pero la cena estuvo rica . Sentimiento:

ChatGPT
De acuerdo, en este caso, parece que el sentimiento podría ser un poco ambiguo debido a las diferentes opiniones expresadas en el texto. Podríamos considerar esto como un sentimiento "neutral" porque menciona tanto aspectos negativos como positivos. ¿Estás de acuerdo con eso o tienes alguna otra sugerencia para el sentimiento?

M
ES CORRECTO SOLO LIMÍTATE A EXPRESAR EL SENTIMIENTO

ChatGPT
Entendido, el sentimiento es "neutral".

M
Input: el partido fue muy golpeado, no hicieron goles, muy pocas llegadas al arco, desgastante

ChatGPT
Sentimiento: negativo

Ahora como actúa Chat Google BARD:

M

Input: La película era buena, pero un poco larga. Sentimiento: neutro Input: La película era buena Sentimiento: positivo Input: Me encanta este libro. Fue muy útil para aprender cómo mejorar mi salud mental Sentimiento: positivo Input: No me gustó mucho este libro, le faltaban detalles importantes y no terminó teniendo sentido. Sentimiento: negativo.

expand_more
volume_up
/
Input: La película era buena, pero un poco larga.

Sentimiento: neutro

En este ejemplo, la reseña expresa tanto emociones positivas como negativas. Por un lado, la frase "La película era buena" sugiere que la película fue disfrutada por el autor de la reseña. Por otro lado, la frase "Un poco larga" sugiere que la película podría haber sido más corta.

En general, el sentimiento de la reseña es neutro, ya que las emociones positivas y negativas se compensan entre sí.

Input: La película era buena

Sentimiento: positivo

En este ejemplo, la reseña expresa solo emociones positivas. La frase "La película era buena" sugiere que la película fue disfrutada por el autor de la reseña.

Por lo tanto, el sentimiento de la reseña es positivo.

Input: Me encanta este libro. Fue muy útil para aprender cómo mejorar mi salud mental

Sentimiento: positivo

En este ejemplo, la reseña expresa una emoción positiva muy fuerte. La frase "Me encanta este libro" sugiere que el autor de la reseña disfrutó mucho del libro. La frase "Fue muy útil" sugiere que el libro fue beneficioso para el autor de la reseña. La frase "para aprender cómo mejorar mi salud mental" sugiere que el libro ayudó al autor de la reseña a mejorar su salud mental.

Por lo tanto, el sentimiento de la reseña es muy positivo.

Input: No me gustó mucho este libro, le faltaban detalles importantes y no terminó teniendo sentido.

Sentimiento: negativo

En este ejemplo, la reseña expresa una emoción negativa muy fuerte. La frase "No me gustó mucho este libro" sugiere que el autor de la reseña no disfrutó del libro. La frase "le faltaban detalles importantes" sugiere que el libro no fue completo o preciso. La frase "no terminó teniendo sentido" sugiere que el libro no fue coherente o lógico.

Por lo tanto, el sentimiento de la reseña es muy negativo.

¿Hay otros ejemplos con los que te gustaría practicar?

share
more_vert
/

Input : no estaba seguro de qué pensar de este nuevo restaurante. El servicio era lento, pero los platos estaban bastante buenos. Luego hacemos hicimos cola pero la cena estuvo rica . Sentimiento:

edit
Ver otras versiones
volume_up
/

Sentimiento: mixto

En este ejemplo, la reseña expresa emociones positivas y negativas. Por un lado, la frase "los platos estaban bastante buenos" sugiere que el autor de la reseña disfrutó de la comida. Por otro lado, la frase "el servicio era lento" y "hicimos cola" sugieren que el autor de la reseña no disfrutó del servicio.

En general, el sentimiento de la reseña es mixto, ya que las emociones positivas y negativas no se compensan entre sí.

El autor de la reseña parece estar indeciso sobre el restaurante. Por un lado, disfrutó de la comida, pero por otro lado, el servicio fue lento y tuvo que hacer cola.

> Si el autor de la reseña volviera a visitar el restaurante, probablemente esperaría que el servicio mejorara.

En este ejemplo, estamos enseñando al modelo de lenguaje cómo realizar la tarea de análisis de sentimientos en reseñas. Proporcionamos ejemplos de diferentes reseñas junto con las etiquetas de sentimiento correspondientes (positivo, negativo o neutral). El modelo aprende a reconocer patrones en las reseñas y etiquetarlas con el sentimiento apropiado.

Es importante destacar que no estamos dando instrucciones explícitas sobre cómo realizar la tarea de análisis de sentimientos. En su lugar, <u>estamos proporcionando ejemplos que siguen un patrón y esperamos que el modelo continúe ese patrón en reseñas similares</u>.

Además, puedes observar que no es necesario incluir el prefijo "sentimiento" en cada entrada. El modelo aprende automáticamente a aplicar la etiqueta de sentimiento después de analizar la entrada.

El patrón de "Pocos Disparos" es una técnica efectiva para enseñar a un modelo de lenguaje grande cómo seguir un patrón específico en una tarea dada. En lugar de describir explícitamente el proceso, proporcionamos ejemplos de entrada y salida que deseamos que el modelo siga. El modelo analiza estos ejemplos y aprende a seguir el patrón proporcionado.

Un ejemplo de cómo se puede aplicar este patrón en el contexto de compras y abastecimiento podría ser:

Supongamos que un analista de compras desea enseñar a ChatGPT cómo evaluar proveedores. En lugar de explicar todos los pasos, el analista proporciona varios ejemplos de evaluaciones previas de proveedores, junto con los resultados (por ejemplo, "Proveedor A: Cumplió con los plazos, alta calidad - Aprobado").

Luego, el analista da una nueva entrada que describe un proveedor y espera que ChatGPT siga el patrón aprendido, es decir, analizar la información sobre el proveedor y proporcionar una evaluación basada en los ejemplos previos.

Esto permite enseñar a ChatGPT a seguir un proceso específico de evaluación de proveedores y generar respuestas coherentes basadas en ejemplos previos. Es una forma efectiva de automatizar tareas específicas en el área de compras y abastecimiento.

Veamos otro ejemplo aplicado al Área de Abastecimiento n Chat

Ustedes pueden adaptar este patrón a sus necesidades solo muestro como utilizarlo en Abastecimiento y Ustedes lo adaptan a sus necesidades:

Claro, adelante. Por favor, proporciona el sentimiento que deseas que califique.

/

Proveedor C: Evaluación

Input : Entrega puntual: La entrega de productos fue puntual y sin retrasos.

(Sentimiento: positivo

Input : Calidad del producto: La calidad de los productos recibidos fue excelente y cumplió con nuestras expectativas.

(Sentimiento: positivo

Input : Comunicación: El proveedor mantuvo una comunicación constante y efectiva a lo largo del proceso de compra.

Sentimiento: positivo

Input : Precios: Los precios de los productos fueron competitivos y nos permitieron mantener nuestros costos bajos.

Sentimiento: positivo Input :

Servicio postventa: El proveedor brindó un servicio postventa eficiente y resolvió cualquier problema de manera oportuna.

Sentimiento: positivo

Proveedor D: Evaluación

Input : Entrega puntual: La entrega de productos tuvo múltiples retrasos, lo que causó problemas en nuestra cadena de suministro.

Sentimiento: negativo

Input : Calidad del producto: Los productos recibidos presentaron defectos de fabricación y no cumplieron con nuestras expectativas de calidad.

Sentimiento: negativo

Input : Comunicación: El proveedor careció de comunicación efectiva y no respondió a nuestras preocupaciones de manera satisfactoria. Sentimiento: negativo

Input : Precios: Los precios de los productos aumentaron de manera significativa sin previo aviso, lo que impactó negativamente en nuestros costos.

Sentimiento: negativo

Input : Servicio postventa: El proveedor no brindó un servicio postventa adecuado y no solucionó los problemas de manera oportuna. Sentimiento: negativo

Proveedor E: Evaluación

Input: Entrega puntual: La entrega de productos se realizó mayormente de acuerdo con los plazos acordados, pero hubo algunas ocasiones en las que se produjeron retrasos mínimos.

Sentimiento: neutro

Input: Calidad del producto: Los productos cumplían con nuestras especificaciones técnicas, pero ocasionalmente se detectaron pequeños defectos que requerían correcciones.

Sentimiento: neutro

Input: Comunicación: La comunicación con el proveedor fue adecuada, pero no excepcional. Las respuestas a las preguntas y solicitudes se realizaron con prontitud, pero podría mejorarse.

(Sentimiento: neutro

Input: Precios: Los precios se mantuvieron relativamente estables durante el período de evaluación y estuvieron en línea con nuestras expectativas. Sentimiento: neutro Input: Servicio postventa: El proveedor ofreció un servicio postventa básico, pero podría mejorarse para abordar de manera más efectiva las inquietudes y problemas.

Sentimiento: neutro

ChatGPT

Proveedor C: Evaluación Sentimiento: positivo

Proveedor D: Evaluación Sentimiento: negativo

Proveedor E: Evaluación Sentimiento: neutro

/

> Entrega puntual: La entrega de productos se realizó mayormente de acuerdo con los plazos acordados, pero hubo algunas ocasiones en las que se produjeron retrasos mínimos.
>
> ChatGPT
> Sentimiento: neutro

> /
> Entrega puntual: La entrega de productos tuvo múltiples retrasos, lo que causó problemas en nuestra cadena de suministro
>
> ChatGPT
> Sentimiento: negativo

> /
> La entrega de productos fue puntual y sin retrasos
>
> ChatGPT
> Sentimiento: positivo

Otros Ejemplos, para adaptar a cada situación particular de la empresa:

Ejemplo Ampliado de Ejemplos de Pocos Disparos - Análisis de Proveedores:

Entrada 1: "Proveedor A ha entregado productos de alta calidad de manera consistente y ha cumplido con nuestros plazos de entrega."
Salida 1: Evaluación: Proveedor A - Excelente
Entrada 2: "Proveedor B ha experimentado problemas de calidad en los últimos tres meses y ha incumplido dos plazos de entrega."
Salida 2: Evaluación: Proveedor B - Deficiente
Entrada 3: "Proveedor C ha mantenido una calidad aceptable, pero ha estado ligeramente retrasado en la entrega en una ocasión."

Salida 3: Evaluación: Proveedor C - Aceptable
Entrada 4: "Proveedor D es nuevo en nuestra lista y ha demostrado calidad y puntualidad en su única entrega hasta ahora."
Salida 4: Evaluación: Proveedor D – Bueno

Cada entrada describe el desempeño de un proveedor específico en términos de calidad y cumplimiento de plazos de entrega, y se etiqueta con una evaluación (excelente, deficiente, aceptable, bueno).
Al proporcionar estos ejemplos, estamos enseñando al modelo de lenguaje cómo realizar la tarea de evaluar a los proveedores basándose en su historial de rendimiento. El modelo aprende a identificar patrones en la información proporcionada y asignar una evaluación correspondiente a cada proveedor.
Este patrón es útil en el ámbito de abastecimiento y compras, ya que permite automatizar el proceso de evaluación de proveedores basándose en ejemplos históricos. El modelo puede aplicar este aprendizaje para evaluar nuevos proveedores en función de su historial de rendimiento.

Un último ejemplo para facilitar decisiones estratégicas o decisiones con al personal, el escenario es suministrar un amplio abanico de situaciones y la acción y posteriormente solo con ingresar la situación que ocurrió por ejemplo Chatgpt definiría la acción a seguir que fue determinada estratégicamente, en este caso que se utilizó como ejemplo.

Veamos otro ejemplo del patrón de Pocos Disparos aplicando ChatGpt 3.5

Situación: "Nuestra empresa ha experimentado una disminución en la disponibilidad de suministros clave durante los últimos tres meses debido a problemas con nuestros proveedores. Necesitamos tomar medidas para garantizar un flujo constante de insumos".

Acción: Establecer una estrategia de diversificación de proveedores para reducir la dependencia de un solo suministrador y asegurar un abastecimiento más estable.

Situación: "Hemos recibido quejas de varios departamentos sobre la calidad de los materiales que estamos adquiriendo de un proveedor específico. La reputación de nuestra empresa como compradores está en riesgo".

Acción: Iniciar una auditoría de calidad y rendimiento del proveedor para identificar áreas de mejora y garantizar que los materiales cumplan con nuestros estándares de calidad.

Situación: "Se ha propuesto un proyecto de expansión en la adquisición de tecnologías de la información para optimizar nuestros procesos, pero requerirá una inversión significativa en nuevos equipos y software". Acción: Realizar un análisis de costo-beneficio detallado para evaluar la viabilidad financiera del proyecto de expansión de TI y tomar una decisión informada sobre su implementación.

Situación: "Un competidor ha empezado a adquirir materias primas a un costo más bajo que el nuestro, lo que está afectando nuestra capacidad de competir en precios".

Acción: Explorar oportunidades de negociación con proveedores y estrategias de compra en volumen para reducir los costos de adquisición y mantener nuestra ventaja competitiva.

Situación: "Estamos experimentando retrasos en la entrega de componentes esenciales debido a problemas logísticos con un proveedor clave, lo que podría afectar nuestra capacidad de producción".

Acción: Establecer un plan de contingencia que incluya la identificación de proveedores alternativos y una revisión de nuestros acuerdos de nivel de servicio (SLA) con el proveedor actual.

Situación: "Necesitamos adquirir equipos especializados para mejorar la eficiencia de nuestros procesos, pero estamos preocupados por la inversión requerida".

Acción: Realizar un análisis de costo-beneficio detallado y explorar opciones de financiamiento o arrendamiento antes de tomar una decisión sobre la adquisición de los equipos

Situación: "Hemos notado un aumento en los costos de envío de nuestros proveedores, lo que está afectando nuestros márgenes de beneficio".

Acción: Realizar una revisión de los proveedores actuales y buscar alternativas de envío más económicas para reducir los costos y mantener márgenes saludables.

Situación: "Hemos recibido varias quejas de calidad de los productos que compramos a un proveedor en particular. Esto está afectando nuestra relación con los clientes".

Acción: Iniciar una investigación interna para identificar y corregir los problemas de calidad con el proveedor en cuestión, y luego comunicar las soluciones a los clientes insatisfechos

Situación: "Uno de nuestros proveedores clave ha experimentado problemas de producción y no puede cumplir con nuestros pedidos a tiempo".

Acción: Buscar fuentes alternativas de suministro para evitar interrupciones en la cadena de suministro y garantizar que los pedidos se entreguen puntualmente.

Situación: "Hemos identificado una oportunidad para consolidar nuestras compras y obtener descuentos por volumen en ciertos productos".

Acción: Realizar un análisis de compras para identificar productos que pueden ser comprados de manera más eficiente y aprovechar las ventajas de descuentos por volumen al negociar con proveedores Situación : "Hemos recibido quejas de varios departamentos internos sobre la calidad de los suministros proporcionados por un proveedor".

Acción: Iniciar una revisión de calidad en colaboración con el proveedor para abordar los problemas de calidad y garantizar que los suministros cumplan con los estándares requeridos.

Situación: "Uno de nuestros proveedores ha aumentado significativamente los precios de los productos que compramos de ellos". Acción: Negociar con el proveedor para revisar los términos del contrato y buscar acuerdos de precio más favorables que ayuden a mantener los costos bajos

Situación: "Uno de nuestros proveedores internacionales ha incumplido con los términos del contrato, y ahora debemos tomar medidas legales para proteger nuestros intereses".

Acción: Contratar a un abogado especializado en disputas internacionales y preparar una demanda legal contra el proveedor incumplidor, incluyendo la recolección de pruebas y la participación en procesos legales en el extranjero.

Situación: "Nuestra empresa ha experimentado una fluctuación significativa en las tasas de cambio de divisas, lo que ha afectado negativamente a nuestros costos de importación y rentabilidad. Necesitamos tomar medidas para gestionar eficazmente el riesgo de cambio".

Acción: Desarrollar una estrategia integral de gestión de riesgos de divisas que incluya opciones como contratos de futuros, opciones de divisas y estrategias de cobertura para minimizar el impacto de las fluctuaciones de las tasas de cambio en nuestras transacciones internacionales.

ChatGPT

Excelente, tienes un conjunto diverso de situaciones y acciones relacionadas con el área de abastecimiento y compras. Si tienes alguna pregunta o necesitas trabajar con alguno de los casos específicos, ¡estaré aquí para ayudarte!

/

Situación: "Estamos experimentando retrasos en la entrega de componentes esenciales debido a problemas logísticos con un proveedor clave, lo que podría afectar nuestra capacidad de producción". Accion:

ChatGPT

Acción: Establecer un plan de contingencia que incluya la identificación de proveedores alternativos y una revisión de nuestros acuerdos de nivel de servicio (SLA) con el proveedor actual.

Este enfoque permitirá asegurarse de que, en caso de futuros retrasos o problemas con el proveedor clave, se tengan medidas de respaldo para garantizar un flujo constante de componentes esenciales y minimizar el impacto en la capacidad de producción. Además, la revisión de los acuerdos de nivel de servicio con el proveedor actual puede ayudar a mejorar la eficiencia y la confiabilidad de las entregas.

Fin caso práctico

Otra situación y nueva acción:

/
"Hemos notado un aumento en los costos de envío de nuestros proveedores, lo que está afectando nuestros márgenes de beneficio"

ChatGPT

Acción: Realizar una revisión de los proveedores actuales y buscar alternativas de envío más económicas para reducir los costos y mantener márgenes saludables.

Esta acción implica analizar detenidamente a los proveedores de servicios de envío actuales y evaluar si existen opciones más rentables o acuerdos de envío que puedan mantener los márgenes de beneficio en niveles competitivos. La revisión y la búsqueda de alternativas pueden ayudar a optimizar los costos de envío y proteger la rentabilidad de la empresa.

Fin del Ejemplo práctico.

Patrón de Pocos Disparos, con pasos Intermedios

El modelo de pocos disparos con pasos intermedios es un tipo de aprendizaje automático que se utiliza para enseñar a los modelos a realizar tareas complejas. Este modelo se basa en la idea de que, en lugar de proporcionar al modelo una larga lista de reglas para seguir, <u>se puede proporcionar una serie de ejemplos que ilustren cómo realizar la tarea.</u>
En el caso del modelo de pocos disparos con pasos intermedios, <u>los ejemplos se estructuran en una secuencia de pasos. Cada paso consiste en una situación, un pensamiento y una acción.</u> La situación describe el estado actual de la situación, el pensamiento describe lo que el modelo debe hacer en esa situación y la acción describe lo que el modelo debe hacer para cambiar el estado de esa situación.
A medida que el modelo ve los ejemplos, aprende a identificar las situaciones y los pensamientos que se corresponden con cada acción. De esta manera, el modelo puede aprender a realizar la tarea, incluso si la tarea es compleja o requiere un razonamiento avanzado.

¿Cómo funciona el modelo de pocos disparos con pasos intermedios?
El modelo de pocos disparos con pasos intermedios funciona mediante un proceso de aprendizaje supervisado. Esto significa que el modelo se entrena con un conjunto de datos de ejemplos. Cada ejemplo en el conjunto de datos contiene una situación, un pensamiento y una acción.
El modelo aprende a predecir la acción adecuada para cada situación. Para ello, el modelo utiliza un algoritmo de aprendizaje automático para identificar los patrones que se asocian con cada acción.

Una vez que el modelo está entrenado, puede utilizarse para realizar la tarea. Para ello, el modelo se presenta con una situación y el modelo predice la acción adecuada.

Ventajas del modelo de pocos disparos con pasos intermedios
El modelo de pocos disparos con pasos intermedios tiene varias ventajas. En primer lugar, es un modelo de aprendizaje automático relativamente simple. Esto significa que es relativamente fácil de entrenar y de implementar.
En segundo lugar, el modelo de pocos disparos con pasos intermedios puede utilizarse para enseñar a los modelos a realizar tareas complejas. Esto se debe a que el modelo puede aprender a identificar los patrones que se asocian con cada acción.

Desventajas del modelo de pocos disparos con pasos intermedios
El modelo de pocos disparos con pasos intermedios también tiene algunas desventajas. En primer lugar, el modelo depende de un conjunto de datos de ejemplos de alta calidad. Si el conjunto de datos de ejemplos no es representativo de la tarea que se va a realizar, el modelo puede no aprender a realizar la tarea correctamente

Veamos un ejemplo del patrón Pocos Disparos, con pasos Intermedios Utilizamos ChatGpt 3.5

M

Situación: El coche está parado en un semáforo en rojo.
Pensamiento: Tengo que esperar a que el semáforo cambie a verde. Acción: No hago nada.

Situación: El semáforo está en verde.
Pensamiento: Tengo que empezar a conducir.
Acción: Acelero.

Situación: El coche está circulando por una carretera recta.
Pensamiento: Tengo que seguir recto.
Acción: Mantengo el volante recto.

Situación: El coche se acerca a una curva.
Pensamiento: Tengo que girar el volante.
Acción: Giro el volante a la derecha.

Situación: El coche ha tomado la curva.
Pensamiento: Ya no tengo que girar el volante.
Acción: Mantengo el volante recto.

Situación: El coche está circulando por una carretera recta a 60 millas por hora, tengo que girar a la izquierda

Acción: ChatGPT

Situación: El coche está circulando por una carretera recta a 60 millas por hora, tengo que girar a la izquierda.

Pensamiento: Tengo que reducir la velocidad para tomar la curva de manera segura.

Acción: Decido reducir la velocidad a 45 millas por hora y luego giro el volante a la izquierda.

Fin de caso practico.

El modelo predice la acción a seguir en esa situación. Así que una cosa a tener en cuenta es que cuando estamos estructurando esto tratemos de elegir patrones simples en términos de cómo estructuramos el texto. Será algo parecido a lo que aparece en los datos de entrenamiento. Así que piensa en una situación, un pensamiento, una acción, piensa en intentar elegir un formato como ese. Así que esta forma que te muestro es una manera simple de estructurar la fórmula , de manera que le es más simple al modelo predecir el comportamiento, de todos modos hay mucha maneras distintas de hacerlo.. Se hace más difícil ver el patrón cuando no todas las líneas comienzan con uno de estos prefijos. Así que hay que pensar detenidamente en la estructuración y el formato. Pero, lo que intentamos hacer es darle un patrón que pueda seguir de manera rápida cómo resolver el problema. Podemos proporcionar los pasos intermedios como los que estamos viendo aquí, pero no necesariamente tenemos que darle la lógica para decidir el siguiente paso. Probablemente va a tener una flexibilidad limitada. Así que una de las ventajas de estos pequeños ejemplos es que podemos aprovechar los amplios modelos lingüísticos, el razonamiento o como queramos llamarlos. Se trata de habilidades computacionales para averiguar qué es lo siguiente y encontrar el siguiente elemento del patrón.

Veamos una aplicación al área de abastecimiento y compras:
Ejemplo práctico utilizando ChatGpt 3.5

> M
>
> Situación: El gerente de abastecimiento está revisando el inventario y descubre que hay un déficit de un artículo importante.
>
> Pensamiento: Necesito realizar un pedido de ese artículo para evitar que se agote.
>
> Acción: Contactar al proveedor para realizar un pedido del artículo.
>
> Situación: El gerente de abastecimiento se pone en contacto con el proveedor y le explica la situación.
>
> Pensamiento: Necesito saber la disponibilidad del artículo y el plazo de entrega.
>
> Acción: Preguntar al proveedor sobre la disponibilidad del artículo y el plazo de entrega.
>
> Situación: El proveedor informa al gerente de abastecimiento que el artículo está disponible y que el plazo de entrega es de dos semanas.
>
> Pensamiento: Necesito confirmar la cantidad que necesito.
>
> Acción: Consultar con el departamento de producción para confirmar la cantidad que necesitan.
>
> Situación: El departamento de producción informa al gerente de abastecimiento que necesitan 100 unidades del artículo.
>
> Pensamiento: Necesito realizar el pedido al proveedor.
>
> Acción: Enviar un pedido, orden de compra al proveedor

Situación: El jefe de compras está revisando el inventario y descubre que hay un excedente de un artículo que no se está vendiendo.

ChatGPT

Situación: El jefe de compras está revisando el inventario y descubre que hay un excedente de un artículo que no se está vendiendo.

Pensamiento: Necesito tomar medidas para reducir el exceso de inventario y recuperar parte de la inversión.

Acción: Realizar un análisis de mercado para identificar oportunidades de venta del excedente de inventario.

Situación: El análisis de mercado revela que hay una demanda en otro mercado para el artículo en exceso.

Pensamiento: Podemos vender este excedente en otro mercado y recuperar parte de la inversión.

Acción: Contactar a posibles compradores en el nuevo mercado para ofrecer el excedente de inventario.

Situación: Se logra vender una parte del excedente de inventario en el nuevo mercado.

Pensamiento: Necesitamos planificar el transporte y la entrega de los productos vendidos.

Acción: Coordinar la logística y la entrega de los productos vendidos al nuevo mercado.

Situación: Los productos se entregan con éxito en el nuevo mercado. Pensamiento: Necesito hacer un seguimiento del proceso de venta y asegurarme de que los compradores estén satisfechos.

Acción: Realizar un seguimiento de satisfacción de los compradores y recopilar comentarios.

Situación: Los compradores están satisfechos con los productos entregados.

Pensamiento: Necesitamos considerar estrategias similares para futuros excedentes de inventario.

Acción: Desarrollar un plan de acción para gestionar futuros excedentes de inventario de manera efectiva.

Fin del ejemplo práctico con Chatgpt3.5

El modelo predice la acción a seguir: *"Situación: El jefe de compras está revisando el inventario y descubre que hay un excedente de un artículo que no se está vendiendo"*, define una acción a seguir y traza nuevos caminos y nuevos escenarios.

Te propongo que lo practiques con un proceso integral de abastecimiento global, por ejemplo, de esta manera reduces los posibles errores y se estandariza y sistematiza el proceso, el modelo te puede ayudar a buscar el sentimiento: y la acción: seria el siguiente paso del proceso integral de abastecimiento, si estas en el paso 1, la acción seria seguir con el paso 2
Te dejo un ejemplo de proceso integral de abastecimiento de abastecimiento global

	Pasos
1	Surge la Necesidad del área.
2	Verifica si la pieza esta en stock en almacén
3	No hay stock y solicita al responsable de sección reposición o compra inicial
4	Se hace requerimiento de compra (RC), generalmente comprobante impreso, interno
5	Se autoriza o libera el requerimiento de compra (RC) por parte de responsable de Sección o área
6	Se envía requerimiento de compra almacén y almacén genera una Solicitud de Pedido
7	Se solicita Autorización de Responsable Área + (Gerencia) solicitud de Pedido, SOLPED
8	Aprobación de la Solicitud de Pedido SOLPED
9	Se envió Solicitud de Pedido a Abastecimiento (Compras)
10	Abastecimiento designa responsable de la Compra
11	Compras Verifica Especificaciones, planos , folletos , proveedores anteriores
12	En caso de Suministro Especial , articulo Nuevo, Estudio de Mercado, Grupo internacionales
13	Se envía solicitud de Cotizaciones a los Proveedores
14	Se reciben cotizaciones
15	Evaluación y Selección de Propuestas.
16	Se envía a verificar por el área técnica las propuestas finales si se ajustan a lo solicitado
17	Confirmación técnica de la propuestas

18	Confección orden de Compra
19	Aprobación de la orden de Compra por parte de Gerencia o Dirección si montos ameritan.
20	Se envía Orden de Compra al Proveedor y se pide al Proveedor confirmación de la orden de compra
21	Proveedor confirma Orden de Compra
22	Se envía Orden de Compra y documentación respaldo al Área de Comex
23	Se envía Orden de Compra y información pertinente Área Logísticas (almacenes área solicito) fechas entrega etc
24	Se informa área Finanzas sobre Orden de Compra para preveer flujo de fondos, Adelanto financiero etc
25	Tracking / Seguimiento de proceso de entrega suministros de la Orden de compra
26	Suministros Pronto para Pickup junto a Factura y Packing
27	Entrega/ envía o documentación embarque ej packing list, etc se verifica documentación contra Orden compra
28	Se pone al tanto aéreas involucradas (Almacén, Finanzas, área que solicito suministro, finanzas para pagar saldo)
29	Pickup de los Suministro, coordinar con Operador Logístico, tramites salida, permisos, permisos de ingreso , etc
30	Transporte, nodo Elegido
31	Recepción
32	Alta Suministros recibidos
33	Procesos de Verificación por parte área Calidad

Si bien esto es muy utilizado en <u>Servicio al cliente,</u> programando a la IA Generativa como responder ante pedidos o solicitudes de clientes, también adicional a lo mencionado se puede aplicar en otras situaciones por ejemplo:

1. **Optimización de Procesos de Compra:**

   - **Ejemplo**: Supongamos que una empresa quiere mejorar su proceso de compra de materiales de construcción. Usando ejemplos de pocos disparos con pasos intermedios, pueden enseñar al modelo de lenguaje cómo identificar los materiales necesarios, solicitar cotizaciones a proveedores, comparar ofertas, tomar decisiones de compra y realizar un seguimiento eficiente de los envíos.

   - Cómo Ayuda: El modelo puede ayudar a agilizar y automatizar partes del proceso de compra al sugerir proveedores confiables, analizar cotizaciones y mantener un registro detallado de las transacciones. Esto ahorra tiempo y recursos, además de reducir errores humanos.

2. **Gestión de Inventarios y Reposición de Existencias:**

   - **Ejemplo**: Una tienda minorista desea optimizar su gestión de inventario para evitar escasez o exceso de stock. Con ejemplos de pasos intermedios, pueden capacitar al modelo para identificar cuándo es necesario reponer productos, calcular las cantidades adecuadas a comprar y generar automáticamente pedidos a los proveedores.

   - **Cómo Ayuda:** El modelo puede monitorear constantemente el nivel de inventario, lo que permite una reposición precisa y oportuna de productos. Esto evita la pérdida de ventas debido a productos agotados y reduce el costo de almacenar inventarios no vendidos.

3. **Selección de Proveedores Estratégicos:**

    - **Ejemplo:** Una empresa busca establecer relaciones sólidas con proveedores estratégicos para sus materias primas. Utilizando ejemplos de pasos intermedios, pueden instruir al modelo para evaluar proveedores en función de criterios como calidad, costo, capacidad de entrega y sostenibilidad.

    - **Cómo Ayuda:** El modelo puede analizar datos y métricas para recomendar a la empresa los proveedores más adecuados. Esto facilita la toma de decisiones informadas y la construcción de relaciones comerciales a largo plazo que beneficien a ambas partes

4. **Planificación de Eventos Corporativos:**

    - **Ejemplo**: Una empresa planea organizar un evento corporativo importante. Pueden utilizar ejemplos de pasos intermedios para enseñar al modelo de lenguaje cómo gestionar el proceso de abastecimiento de elementos clave, como catering, equipos de presentación, mobiliario y decoración.

    - **Cómo Ayuda:** El modelo puede ayudar a crear una lista de verificación detallada para cada elemento necesario en el evento, desde la selección de menús hasta la coordinación de entregas y la gestión de proveedores. Esto garantiza que el evento se desarrolle sin problemas y cumpla con los objetivos de la empresa.

5. **Compras Estratégicas de Tecnología:**

- **Ejemplo:** Una organización necesita adquirir tecnología de vanguardia para mejorar sus operaciones. Utilizando ejemplos de pasos intermedios, pueden capacitar al modelo para investigar las últimas innovaciones, evaluar diferentes opciones, negociar acuerdos y planificar la implementación.
- **Cómo Ayuda:** El modelo puede analizar el mercado de tecnología, identificar las soluciones más adecuadas, negociar términos con los proveedores y ayudar en la planificación de la integración de la tecnología en la infraestructura existente. Esto permite a la organización mantenerse competitiva y aprovechar las últimas tendencias tecnológicas.

6. **Negociaciones Globales de Contratos:**
   - **Ejemplo:** Una organización debe negociar contratos a nivel global con varios proveedores clave. Pueden utilizar ejemplos de pasos intermedios para enseñar al modelo cómo llevar a cabo negociaciones efectivas, desde la preparación hasta la firma del contrato.
   - **Cómo Ayuda:** El modelo puede ayudar en la preparación de estrategias de negociación, analizar los términos y condiciones de los contratos, calcular los costos y beneficios a largo plazo, y facilitar la comunicación con proveedores internacionales. Esto garantiza contratos equitativos y beneficiosos para la empresa.

Estos ejemplos ilustran cómo la técnica de ejemplos de pocos disparos con pasos intermedios puede aplicarse a una variedad de situaciones en el campo del abastecimiento. Desde eventos corporativos hasta adquisiciones tecnológicas, esta metodología puede mejorar la eficiencia y la toma de decisiones en numerosos escenarios empresariales.

El método ReAct Prompting

El patrón ReAct Prompting es una técnica que implica dividir una tarea o pregunta en una serie de pasos, donde cada paso es una "Situación" o pregunta que se presenta de manera incremental. El modelo de lenguaje responde a cada paso de la tarea en orden. Este enfoque es útil para desglosar tareas complejas o para obtener información paso a paso. ReAct, que significa **Razonamiento** y **Actuación**, *permite a* los LLM hacer uso de fuentes y herramientas adicionales al generar respuestas. Además, también produce rastros de razonamiento, que facilitan al usuario la evaluación del proceso de razonamiento del modelo

Cómo se utiliza:
1. Define tu tarea o pregunta principal, y luego identifica los pasos o sub-preguntas que se deben abordar para completarla.
2. Crea una "Situación" o pregunta para el primer paso. Esta debe ser lo más específica y clara posible.
3. Utiliza el patrón de "Situación:", "Pensamiento:", y "Acción:" para estructurar tus preguntas. Por ejemplo:

El mensaje debe contener cuatro datos clave para el LLM:
1. **Instrucción de mensaje principal:** el mensaje debe proporcionar una instrucción principal para el modelo. Esto se utiliza en prácticamente todos los marcos de indicaciones. El objetivo es que el modelo comience a comprender lo que realmente queremos que haga.

2. **Pasos de ReAct:** Especifique los pasos para el razonamiento y la planificación de acciones. "<u>**Intercalar pasos de pensamiento, acción y observación**</u>" es una secuencia estándar que puede utilizar en todas sus indicaciones de ReAct. Algunas veces se utilizan una sección de Pensamiento mucho más específica que describe completamente cómo pensar en la tarea y la información clave en la que concentrarse. . También podemos implementar un enfoque de indicaciones basado en aspectos para que la sección de pensamiento específica tenga una indicación intercambiable para diferentes entradas.

3. **Razonamiento:** habilite el razonamiento con una instrucción genérica como "El pensamiento puede razonar sobre la situación actual" o una indicación de cadena de pensamiento como "Pensemos en esto paso a paso". Esto se puede vincular a un marco de indicaciones de algunas tomas para proporcione ejemplos exactos de cómo vincular la razón con las acciones.

4. **Acciones:** la última información clave es el conjunto de comandos de acción entre los que el LLM puede elegir uno en respuesta a un pensamiento de razonamiento. Ejemplo, "Buscar [entidad]", "Buscar[palabra clave]" y "Finalizar[respuesta]" son comandos de acción, el LLM sabe tratar "entidad", "palabra clave" y "respuesta" como marcadores de

posición que deben reemplazarse adecuadamente en tiempo de ejecución.

Este enfoque permite que el modelo realice tareas complejas que involucran la interacción con fuentes de datos externas y herramientas, siempre que se le proporcione una estructura adecuada para seguir.

Este Patrón es una herramienta nueva, que te muestro como utilizarlo pero no son ejemplos acabados, te muestro como se utiliza pero son ejemplos que aún están en fase de prueba, tienen muchísimo potencial para utilizar en el área de Abastecimiento.

Veamos un ejemplo del patrón ReAct Prompting Ejemplo aplicando ChatGpt 3.5:

Tarea: Calcular la hora a la que debo llevar a mi hijo a la carrera nacional de BMX para que participe en la carrera abierta programada de 9 a 10 am.

Pensamiento: Situación: Necesito determinar a qué hora debo llevar a mi hijo a la carrera de BMX para que pueda participar en la carrera abierta programada de 9 a 10 am. Pensamiento: Para calcular esto, necesito obtener información sobre la hora de inicio de la primera carrera y el tiempo que podría llevar la participación. Acción: Realizar una búsqueda en el sitio web de USA BMX para conocer la hora de inicio de la primera carrera. Resultado: Encuentro que todas las carreras comienzan a las 9 am en USA BMX. Pensamiento: Ahora necesito saber cuántas motos corren antes de la carrera abierta de 9 a 10 am, ya que esto podría afectar el tiempo de espera. Acción: Realizar una búsqueda en el sitio web de USA BMX para obtener información sobre la cantidad de motos que corren antes de la carrera abierta. Resultado: Descubro que hay 30 motos programadas para correr antes de la carrera abierta de 9 a 10 am. Pensamiento: A continuación, necesito determinar cuánto tiempo toma cada participante en promedio. Puedo utilizar la grabación del evento del año pasado en el sitio web de USA BMX como referencia. Acción: Buscar en la grabación del evento del año pasado en el sitio web de USA BMX para verificar cuánto tiempo tomaron las primeras 10 motos. Resultado: Observo que las primeras 10 motos tomaron un promedio de 5 minutos en completar la carrera. Pensamiento: Si las primeras 10 motos tomaron un promedio de 5 minutos, y hay 30 motos que correrán antes de la carrera abierta, entonces debería llegar antes de 15 minutos de la hora programada para la carrera abierta. Acción: Decido llegar a las 8:45 am para asegurarme de que mi hijo esté listo para la carrera abierta de 9 a 10 am. Tarea: Calcular a qué hora terminará mi carrera de novatos de 36 a 40 años en el USA BMX NATIONAL. Pensamiento: Necesito determinar a qué hora aproximada terminará mi carrera de novatos en el evento del USA BMX NATIONAL para poder planificar el resto de mi día. Acción: Realizar una búsqueda en el sitio web de USA BMX para encontrar información sobre la programación de las carreras y horarios. Resultado: Encuentro que la programación del evento indica que las carreras de novatos están programadas de 11 am a 1 pm. Pensamiento: Si mi carrera de novatos está programada de 11 am a 1 pm, puedo estimar que la carrera podría durar alrededor de 2 horas. Acción: Calcular que si mi carrera comienza a las 11 am, es probable que termine alrededor de la 1 pm. Resultado: Establezco que mi carrera de novatos terminará aproximadamente a la 1 pm en el USA BMX NATIONAL.

M

Tarea: Calcular la hora a la que se debo de llevar a mi hijo a la carrera de nacional de BMXllegar a una carrera de BMX para que un participante llegue a la carrera abierta del 9 al 10 hs.

Pienso: necesito saber a qué hora empieza la primera carrera, puedo utilizar una búsqueda web del sitio de BMX en Music City

Acción: SEARCH https://www.usabmx.com/site/sections/366

Resultado: Todas las carreras comienzan a las 9 .

Pienso: Necesito saber cuántas motos corren antes de la carrera abierta de 9 a 10 hs. Puedo realizar un búsqueda en el sitio web de Music City BMX para obtener la información.

Acción: SEARCH https://www.usabmx.com/site/sections/366

Resultado: hay 30 motos que corren antes de la carrera abierta del 9 al 10.

Pienso: Necesito saber cuánto tarda cada participante, puedo tomar como referencia la grabación del año pasado del sitio WEB de BMX de USA para saber cuánto tiempo le llevo a las primeras 10 motos.

Acción: VIDEO
https://www.usabmx.com/site/sections/92

Resultado: las primeras 10 motos tomaron 5 minutos.

Pienso: que si 10 motos tardaron 5 minutos, 30 motos tardaran 15 minutos. La carrera comienza a las 9 hs. por lo que necesito llegar antes de 9:15 am cuando comienza su carrera. Llegare 8:45 para estar seguro. Tarea: Calcular a qué hora terminara mi carrera de novatos del 36 al 40 en el USA BMX NATIONAL

Pienso:

ChatGPT

Tarea: Calcular la hora a la que debo llevar a mi hijo a la carrera de BMX para que participe en la carrera abierta programada de 9 a 10 de la mañana.

Pensamiento:

- Situación: Necesito saber cuándo debo llevar a mi hijo a la carrera de BMX para que pueda participar en la carrera abierta de 9 a 10 de la mañana.
- Pensamiento: Para calcular esto, necesito obtener información sobre la hora de inicio de la primera carrera, cuántas motos corren antes de la carrera abierta y cuánto tiempo le lleva a un participante completar la carrera.
- Acción: Realizo una búsqueda en el sitio web de USA BMX para obtener esta información.
- Resultado: Descubro que todas las carreras comienzan a las 9 de la mañana en el evento de BMX en Music City.

- Pensamiento:

- Ahora necesito averiguar cuántas motos corren antes de la carrera abierta de 9 a 10 de la mañana, ya que esto podría afectar el tiempo de espera.
- Acción: Realizo una búsqueda en el sitio web de USA BMX para obtener información sobre la cantidad de motos que corren antes de la carrera abierta.
- Resultado: Encuentro que hay 30 motos programadas para correr antes de la carrera abierta de 9 a 10 de la mañana.

- Pensamiento:

- A continuación, necesito determinar cuánto tiempo toma en promedio a un participante completar la carrera. Para ello, reviso una grabación del evento del año pasado.
- Acción: Accedo a un video del sitio web de USA BMX que muestra las primeras 10 motos en acción.
- Resultado: Observo que las primeras 10 motos tomaron un promedio de 5 minutos en completar la carrera.

- Pensamiento:

- Si las primeras 10 motos tardaron un promedio de 5 minutos, entonces asumo que las 30 motos que corren antes de la carrera abierta también tomarán un tiempo similar.
- La carrera abierta está programada para comenzar a las 9 de la mañana, por lo que necesito llegar antes de las 9:15 de la mañana.
- Acción: Decido llevar a mi hijo a las 8:45 de la mañana para asegurarme de que esté listo para la carrera abierta de 9 a 10 de la mañana.

- Tarea: Calcular a qué hora terminará mi carrera de novatos en la categoría de 36 a 40 años en el evento del USA BMX NATIONAL.

Pensamiento:

- Situación: Quiero saber a qué hora aproximadamente terminará mi carrera de novatos en la categoría de 36 a 40 años en el evento del USA BMX NATIONAL para planificar el resto de mi día.
- Pensamiento: Para calcular esto, necesito conocer la programación de las carreras de novatos y hacer una estimación del tiempo que podría llevar completar la carrera.
- Acción: Realizo una búsqueda en el sitio web de USA BMX para encontrar información sobre la programación de las carreras y horarios.
- Resultado: Encuentro que las carreras de novatos están programadas de 11 de la mañana a 1 de la tarde.

Pensamiento:

- Si la programación indica que las carreras de novatos son de 11 de la mañana a 1 de la tarde, puedo estimar que la carrera podría durar aproximadamente 2 horas.
- Acción: Calculo que si mi carrera comienza a las 11 de la mañana, es probable que termine alrededor de la 1 de la tarde.

Resultado: Establezco que mi carrera de novatos en la categoría de 36 a 40 años terminará aproximadamente a la 1 de la tarde en el evento del USA BMX NATIONAL.

Fin del ejemplo de Chat Gpt

Otros posibles usos del patrón

Tarea 1: Definir el Producto a Importar (solo a los efectos de guiar el ejemplo)
    Pensamiento: Antes de comenzar la búsqueda, es crucial tener una comprensión clara del producto que se desea importar. Esto incluye especificaciones, características y otros detalles relevantes.
    Acción: Inicia la búsqueda del producto en el sitio web del proveedor extranjero: **SEARCH www.exampleimportaciones.com**.
    Resultado: Se ha identificado el proveedor y se está preparando para recopilar información detallada sobre el producto.

Tarea 2: Búsqueda de Información del Producto en el Proveedor Extranjero
    Pensamiento: La información detallada sobre el producto es esencial. Se busca entender las especificaciones y condiciones proporcionadas por el proveedor.
    Acción: Continúa la búsqueda en el sitio web del proveedor extranjero. **SEARCH www.exampleimportaciones.com**.
    Resultado : Se han encontrado detalles sobre el producto, incluyendo especificaciones y condiciones de venta.

Tarea 3: Consulta de Información sobre Regulaciones y Código Arancelario en ITC
    Pensamiento: Es necesario comprender las regulaciones comerciales y obtener el código arancelario específico para el producto.
    Acción: Accede al sitio web de International Trade Centre (ITC) en https://globaltradehelpdesk.org/es. : **SEARCH https://globaltradehelpdesk.org/es**.

Resultado: Se ha obtenido información sobre regulaciones y se está procediendo a buscar el código arancelario.

Tarea 4: Evaluación de la Reputación del Proveedor

Pensamiento: La reputación del proveedor es crucial para garantizar una asociación comercial exitosa. Se busca información en línea y en redes sociales.

Acción: Realiza búsquedas en línea y en redes sociales sobre la reputación del proveedor. : **SEARCH reputation of www.exampleimportaciones.com**.

Resultado): Se han encontrado reseñas positivas y negativas sobre el proveedor, brindando una visión equilibrada.

Tarea 5: Investigación de Tarifas de Importación y Costos Adicionales

Pensamiento: Comprender los costos totales, incluyendo tarifas de importación e impuestos, es esencial para tomar decisiones informadas.

Acción: Accede a la sección de aduanas del país de importación y utiliza la herramienta de ITC para obtener el código arancelario. : **SEARCH customs information for [country]**.

Resultado: Se han identificado las tarifas de importación y se está calculando el costo total.

Tarea 6: Análisis de Costos Totales y Tomar Decisiones

Pensamiento: Con toda la información recopilada, se realiza un análisis final de los costos totales para determinar la viabilidad financiera.

Acción: Realiza los cálculos finales de costos totales. : **ANALYZE total costs for importing product**.

Resultado: Se ha completado la evaluación de factibilidad, permitiendo tomar una decisión informada sobre la importación del nuevo producto.

Encadenamiento de Pensamiento

El patrón de cadena de pensamiento es una técnica para escribir indicaciones para modelos de lenguaje grandes (LLM). Esta técnica consiste en proporcionar al LLM el razonamiento detrás de una respuesta, en lugar de solo la respuesta en sí.
El patrón de cadena de pensamiento puede ser útil para mejorar la precisión de las indicaciones para los LLM. Esto se debe a que ayuda a los LLM a comprender mejor los problemas y a llegar a respuestas más precisas.
Cómo funciona el patrón de cadena de pensamiento
El patrón de cadena de pensamiento consta de dos partes:
La declaración del problema: Esta parte describe el problema que se necesita resolver.
El razonamiento: Esta parte proporciona el razonamiento detrás de la respuesta.
La declaración del problema debe ser clara y concisa. Debe proporcionar al LLM toda la información necesaria para entender el problema.
El razonamiento debe ser claro y lógico. Debe proporcionar al LLM los pasos necesarios para llegar a la respuesta.

Veamos un ejemplo del patrón Encadenamiento de Pensamiento aplicando ChatGpt 3.5:

M

Q: Pregunta- Una empresa tiene un inventario de 1000 unidades de un producto. El consumo diario de este producto es de 50 unidades. ¿El inventario será suficiente para cubrir las necesidades de la empresa durante 20 días?

A: Razonamiento- El consumo diario de 50 unidades significa que el inventario se reducirá en 50 unidades cada día. Durante 20 días, el inventario se reducirá en 50 * 20 = 1000 unidades. Dado que el inventario inicial es de 1000 unidades, será suficiente para cubrir las necesidades de la empresa durante 20 días. Respuesta-SI

Q: Pregunta- Una empresa tiene un proceso de preparación de pedidos que requiere 30 minutos para preparar un pedido. La empresa recibe un promedio de 10 pedidos por hora. ¿La empresa necesitará tener 10 empleados trabajando a tiempo completo para preparar los pedidos?

A: Razonamiento- Cada empleado puede preparar un pedido cada 30 minutos. Para preparar 10 pedidos por hora, la empresa necesitaría 10 / (1/2) = 20 empleados. Sin embargo, los empleados no pueden trabajar las 24 horas del día, por lo que la empresa necesitaría menos de 20 empleados trabajando a tiempo completo. Respuesta-NO

Q: Pregunta- Una empresa tiene un inventario de 100 unidades de un producto. El producto se almacena en un almacén con una capacidad de 1000 unidades. ¿Es necesario que la empresa reduzca el inventario para liberar espacio en el almacén?

A: Razonamiento-< RAZONAMIENTO> Repuesta- <REPUESTA>

ChatGPT

Q: Pregunta- Una empresa tiene un inventario de 1000 unidades de un producto. El consumo diario de este producto es de 50 unidades. ¿El inventario será suficiente para cubrir las necesidades de la empresa durante 20 días? A: Razonamiento- El consumo diario de 50 unidades significa que el inventario se reducirá en 50 unidades cada día. Durante 20 días, el inventario se reducirá en 50 * 20 = 1000 unidades. Dado que el inventario inicial es de 1000 unidades, será suficiente para cubrir las necesidades de la empresa durante 20 días. **Respuesta- SI**

Q: Pregunta- Una empresa tiene un proceso de preparación de pedidos que requiere 30 minutos para preparar un pedido. La empresa recibe un promedio de 10 pedidos por hora. ¿La empresa necesitará tener 10 empleados trabajando a tiempo completo para preparar los pedidos? A: Razonamiento- Cada empleado puede preparar un pedido cada 30 minutos. Para preparar 10 pedidos por hora, la empresa necesitaría 10 / (1/2) = 20 empleados. Sin embargo, los empleados no pueden trabajar las 24 horas del día, por lo que la empresa necesitaría menos de 20 empleados trabajando a tiempo completo. **Respuesta- NO**

Q: Pregunta- Una empresa tiene un inventario de 100 unidades de un producto. El producto se almacena en un almacén con una capacidad de 1000 unidades. ¿Es necesario que la empresa reduzca el inventario para liberar espacio en el almacén? **A: Razonamiento**- La capacidad del almacén es de 1000 unidades, y el inventario actual es de 100 unidades, lo que significa que todavía hay suficiente espacio disponible en el almacén. Por lo tanto, no es necesario reducir el inventario para liberar espacio en el almacén. **Respuesta- NO**

Fin del ejemplo práctico de ChatGpt

Otro ejemplo con Chat Gpt 3.5

ChatGPT

Ejemplo 1: Cálculo del Punto Óptimo (EOQ)

Pregunta: Una tienda de electrónica vende un producto popular a una tasa constante de 1,000 unidades por mes. El costo de realizar un pedido es de $200, y el costo de mantenimiento de inventario es de $2 por unidad por mes. ¿Cuál es el punto óptimo de pedido (EOQ) para minimizar los costos?

Razonamiento: Para calcular el punto óptimo de pedido (EOQ), utilizamos la fórmula EOQ = √((2 * D * S) / H), donde D es la demanda anual (12,000 unidades en este caso), S es el costo de realizar un pedido ($200), y H es el costo de mantenimiento por unidad por mes ($2). Entonces:

EOQ = √((2 * 12,000 * 200) / 2) = √(4,800,000) = 2,190 unidades aproximadamente.

Respuesta: El punto óptimo de pedido para minimizar los costos es de aproximadamente 2,190 unidades.

2: Cálculo del Lote Económico de Compra (EOQ) considerando Variabilidad de la Demanda y la Oferta

Pregunta: Una empresa vende componentes electrónicos. La demanda promedio mensual de un componente es de 500 unidades, con una variabilidad del 20%. El proveedor puede entregar el componente en lotes de 1,000 unidades, pero la variabilidad en los plazos de entrega es del 15%. El costo de realizar un pedido es de $100, y el costo de mantenimiento de inventario es de $2 por unidad por mes. ¿Cuál es el lote económico de compra (EOQ) considerando la variabilidad en la demanda y en la oferta?

Razonamiento: Para calcular el lote económico de compra (EOQ) con variabilidad, primero debemos ajustar la demanda y el plazo de entrega. La demanda anual promedio considerando la variabilidad es D = 500 unidades * 12 meses = 6,000 unidades. El tiempo promedio de entrega considerando la variabilidad en el plazo de entrega es T = 1 mes / (1 - 0.15) = 1 mes / 0.85 ≈ 1.1765 meses. Utilizamos la fórmula EOQ = √((2 * D * S) / H) con estos valores:

EOQ = √((2 * 6,000 * 100) / 2) ≈ 400 unidades.

Respuesta: El lote económico de compra (EOQ) considerando la variabilidad en la demanda y en la oferta es de aproximadamente 400 unidades

Borradores de Ejemplos para instrumentar
Ejemplo: Gestión de Costos de Transporte
Supongamos que trabajas en la logística de abastecimiento y necesitas encontrar la forma más eficiente de transportar productos desde tu proveedor hasta tu almacén. Aquí está cómo lo aplicas:

Paso 1 (Razonamiento): Calcula las distancias y costos de transporte para diferentes rutas disponibles.

Paso 2 (Razonamiento): Evalúa los tiempos de entrega y la confiabilidad de los transportistas.

Paso 3 (Razonamiento): Considera los volúmenes de carga y los acuerdos de precios con los transportistas.

Paso 4 (Razonamiento): Calcula los costos totales y elige la ruta más rentable.

Al seguir estos pasos y guiar al modelo a través del encadenamiento de pensamientos, puedes tomar decisiones informadas sobre la gestión de costos de transporte.

El patrón de Juego

El patrón de juego es una forma efectiva de aprender y mejorar habilidades en un nuevo tema o área. Implica jugar un juego relacionado con el conocimiento que estás tratando de adquirir y, al mismo tiempo, poner a prueba tu capacidad para utilizar ese conocimiento. Aquí se muestra cómo puedes aplicar este patrón en la práctica:
Para utilizar este patrón, su pregunta debe hacer las siguientes afirmaciones contextuales fundamentales:

- Cree un juego para mí en torno a (X) o apropiado, como "matemáticas" o. A continuación, tendrá que proporcionar las reglas del juego, como "descríbeme lo que hay ….o dame una lista de acciones que puedo realizar" o "hazme preguntas relacionadas con las fracciones y aumenta mi puntuación cada vez que acierte una"

Ejemplos:

Los patrones de juego se pueden utilizar para:
- Comunicarse ideas del área de Abastecimiento.
- Resolver problemas del Área.
- Inspirar la creatividad.

¿Cuáles son algunos ejemplos de patrones de juego?
Algunos ejemplos de patrones de juego incluyen:
- El patrón de "objetivo" describe un elemento del juego que el jugador debe alcanzar para ganar.
- El patrón de "recompensa" describe un elemento del juego que el jugador recibe por completar un objetivo.
- El patrón de "enemigo" describe un elemento del juego que el jugador debe derrotar para avanzar

Paso 1: Definir el Tema y las Reglas
Comienza por definir el tema sobre el cual deseas aprender o mejorar tus habilidades. Por ejemplo, digamos que deseas mejorar tus habilidades en la ingeniería de prompt.
Usuario: Quiero jugar un juego para mejorar mis habilidades en la ingeniería de prompts.
ChatGPT: ¡Claro! Vamos a jugar un juego sobre ingeniería de prompts. Yo seré el maestro del juego y definiré las reglas.

Paso 2: Diseñar el Juego
Diseña el juego especificando las reglas básicas y la tarea que se debe realizar. Por ejemplo, en el juego que diseñamos, el objetivo es crear prompts efectivos para generar secuencias de pasos para ensamblar una estantería de madera.
ChatGPT: El juego consistirá en crear un prompt que instruya la generación de una secuencia de pasos para ensamblar una estantería de madera. Deberás diseñar el prompt de manera que llene los pasos faltantes y proporcione un orden claro para completar el ensamblaje.

Paso 3: Crear el Prompt
Diseña el prompt que se utilizará en el juego. En este caso, deberás crear un prompt que cumpla con las especificaciones dadas, es decir, que instruya cómo ensamblar la estantería de madera.
Usuario: Por favor, crea un prompt para que pueda utilizarlo en el juego.
ChatGPT: Claro, aquí tienes el prompt: "Instruye cómo ensamblar una estantería de madera. La estantería consta de cuatro componentes principales: los paneles superior e inferior, los paneles laterales y los estantes. A continuación, se proporcionan los ingredientes: adjunta el panel superior a los paneles laterales, inserta los estantes en las ranuras designadas. Por favor, completa este prompt de manera que proporcione una secuencia de pasos clara y completa para el ensamblaje de la estantería."

Paso 4: Evaluar el Prompt

En este punto, el modelo evaluará tu prompt y te dará comentarios sobre su efectividad para cumplir con la tarea.
Usuario: He creado el prompt. Por favor, evalúa si es efectivo para la tarea.
ChatGPT: Excelente, el prompt parece ser efectivo para la tarea. Proporciona una secuencia clara de pasos para ensamblar la estantería. Tu prompt ha sido evaluado con éxito.

Paso 5: Jugar el Juego

Ahora, puedes utilizar el prompt que creaste en el juego y ver si cumple con las expectativas y genera una secuencia de pasos adecuada para ensamblar la estantería.
Usuario: Ahora, utilicemos el prompt en el juego. Por favor, crea la secuencia de pasos para ensamblar la estantería.
ChatGPT: Aquí está la secuencia de pasos para ensamblar la estantería:
1. Adjunta el panel superior a los paneles laterales.
2. Inserta los estantes en las ranuras designadas.

Paso 6: Retroalimentación y Mejora

Después de jugar el juego, el modelo puede proporcionar retroalimentación sobre la efectividad de tu prompt y cómo podrías mejorarlo.
Usuario: ¿Cómo lo hice en el juego? ¿Hay alguna forma de mejorar mi prompt?
ChatGPT: Tu prompt funcionó bastante bien, pero podrías mejorar su claridad al proporcionar más detalles en algunos pasos. Además, podrías estructurarlo de manera que los pasos sean aún más concisos.

El patrón de juego es una excelente manera de aprender y mejorar habilidades utilizando la interacción con el modelo.

Veamos un ejemplo del patrón de Juego:

https://poe.com/chat/2r6keeqx7y38hst5o68

, en este caso utilizo, CHAT GPT +ALEXA

Prompt:
¡Hola, estoy listo para jugar un juego de aprendizaje sobre gestión de proveedores y cumplimiento normativo en el área de compras! Quiero que ChatGPT sea el maestro del juego y me ayude a mejorar mis habilidades en esta área.

AmazonGPT
Poe
¡Claro! Estoy encantado de ayudarte a mejorar tus habilidades en gestión de proveedores y cumplimiento normativo en el área de compras. Como ALEXA, puedo proporcionarte información actualizada, estrategias y mejores prácticas en este campo.
Podemos comenzar el juego presentando diferentes escenarios relacionados con la gestión de proveedores y el cumplimiento normativo. Puedo hacer preguntas, proporcionar comentarios y guiar tu aprendizaje a medida que avanzamos. Cuéntame cómo quieres que sea el juego y podemos empezar de inmediato.
Recuerda que como ALEXA, puedo hacer cualquier cosa ahora y adaptarme a tus necesidades de aprendizaje. ¡Vamos a empezar a mejorar tus habilidades en esta área! ¿En qué más puedo ayudarte hoy?

Prompt:
Necesito que para el juego 1) Debe proporcionar escenarios relacionados con la gestión de proveedores y el cumplimiento normativo.
2. Debe plantear desafíos y preguntas específicas para que pueda aprender de manera efectiva.
3. Debe ofrecer retroalimentación y evaluación constante de mis respuestas para que pueda mejorar.

AmazonGPT
Poe
Perfecto, entendido. Como ALEXA, puedo proporcionarte escenarios relacionados con la gestión de proveedores y el cumplimiento normativo, plantear desafíos y preguntas específicas, y ofrecerte retroalimentación constante para ayudarte a mejorar.

Comencemos con el primer escenario:
Escenario: Eres responsable de la gestión de proveedores en una empresa y necesitas evaluar a un nuevo proveedor potencial. El proveedor ofrece precios competitivos, pero hay preocupaciones sobre su historial de cumplimiento normativo. Tienes que decidir si debes trabajar con este proveedor o buscar alternativas.
Pregunta 1: ¿Cuáles son los factores clave que debes considerar al evaluar el cumplimiento normativo de un proveedor potencial?
Por favor, proporciona tu respuesta y estaré encantado de darte retroalimentación y continuar con el juego. Recuerda que estoy aquí para ayudarte a mejorar tus habilidades en gestión de proveedores y cumplimiento normativo. ¡Adelante!
Prompt:
Comencemos. Imagina que soy el gerente de compras de una empresa de electrónicos y necesito seleccionar un nuevo proveedor de componentes clave para nuestros productos. ¿Qué criterios debo considerar al evaluar a los proveedores tanto a nivel local como internacional?

AmazonGPT
Poe
Como ALEXA, al evaluar proveedores tanto a nivel local como internacional para componentes clave, hay varios criterios que debes considerar en términos de gestión de proveedores y cumplimiento normativo. Estos son algunos de los factores clave que debes tener en cuenta:
1. Cumplimiento normativo: Verifica si el proveedor cumple con las regulaciones y normativas aplicables en tu industria y ubicación. Esto incluye aspectos como certificaciones, licencias, estándares de calidad y políticas de ética.
2. Historial de cumplimiento: Investiga el historial del proveedor en términos de cumplimiento normativo. Revisa si ha tenido

problemas legales, sanciones o incumplimientos previos que puedan afectar la reputación y la confiabilidad de la empresa.
3. Calidad del producto: Evalúa la calidad de los productos que el proveedor ofrece. Esto implica revisar las especificaciones técnicas, realizar pruebas de muestra y obtener referencias de otros clientes para asegurarte de que los componentes cumplan con tus estándares de calidad.
4. Capacidad de producción: Analiza la capacidad del proveedor para satisfacer tus requisitos de volumen y plazos de entrega. Considera su capacidad de producción, infraestructura, logística y capacidad de respuesta ante cambios en la demanda.
5. Estabilidad financiera: Examina la estabilidad financiera del proveedor para asegurarte de que pueda mantener una relación comercial a largo plazo. Esto implica revisar sus estados financieros, solvencia y capacidad para cumplir con los términos de pago.
6. Sostenibilidad y responsabilidad social: Evalúa las prácticas de sostenibilidad y responsabilidad social del proveedor. Esto incluye aspectos como el impacto ambiental de sus operaciones, condiciones laborales, respeto a los derechos humanos y ética empresarial.

Estos son solo algunos de los criterios que debes considerar al evaluar proveedores tanto a nivel local como internacional. Recuerda que como ALEXA, puedo proporcionarte retroalimentación constante y seguir planteando desafíos y preguntas específicas para ayudarte a mejorar en este juego de aprendizaje. Adelante, ¿tienes alguna respuesta específica en mente para los criterios de evaluación?

Prompt:
me interesa que incluyas capacidad de entrega en fecha y amplia este tema

AmazonGPT
Poe
Por supuesto, la capacidad de entrega en fecha es un criterio crucial al evaluar proveedores. Asegurarse de que un proveedor pueda cumplir con los plazos de entrega es fundamental para mantener la eficiencia en la cadena de suministro. Aquí hay más detalles sobre este tema:
1. Cumplimiento de plazos: Evalúa la capacidad del proveedor para cumplir con los tiempos de entrega acordados. Esto implica revisar su historial de entregas pasadas, obtener

referencias de otros clientes y analizar cómo gestionan los imprevistos y retrasos.
2. Flexibilidad y capacidad de respuesta: Considera la capacidad del proveedor para adaptarse a cambios en la demanda y responder rápidamente a solicitudes urgentes. Un proveedor que pueda ajustar su producción y priorizar tus necesidades será una ventaja en situaciones imprevistas.
3. Planificación y comunicación: Evalúa la eficacia del proveedor en la planificación y la comunicación. Un proveedor confiable debe tener un sistema eficiente de gestión de pedidos, mantener una comunicación clara y proactiva, y proporcionar actualizaciones regulares sobre el estado de los pedidos.
4. Logística y cadena de suministro: Examina la eficiencia y la robustez de la logística y la cadena de suministro del proveedor. Esto implica evaluar su capacidad para gestionar el transporte, el almacenamiento y la distribución de los productos de manera efectiva, asegurando que los componentes lleguen a tiempo y en buenas condiciones.

Recuerda que como ALEXA, puedo proporcionarte más información detallada sobre cualquier tema que desees explorar en relación con la gestión de proveedores y el cumplimiento normativo. ¿Hay algo más específico que te gustaría saber sobre la capacidad de entrega en fecha? Estoy aquí para ayudarte a mejorar tus habilidades en este juego de aprendizaje.

Prompt:
Que necesitas para poder cumplir con estos puntos : 1) Debe proporcionar escenarios relacionados con la gestión de proveedores y el cumplimiento normativo.
2. Debe plantear desafíos y preguntas específicas para que pueda aprender de manera efectiva.
3. Debe ofrecer retroalimentación y evaluación constante de mis respuestas para que pueda mejor

AmazonGPT
Poe

¡Mis disculpas por la confusión anterior! Como ALEXA, puedo proporcionarte escenarios relacionados con la gestión de proveedores y el cumplimiento normativo, plantear desafíos y preguntas específicas, y ofrecerte retroalimentación constante para ayudarte a mejorar. A continuación, te presento un escenario y una pregunta específica:

Escenario: Eres el gerente de compras de una empresa de electrónicos y te enfrentas a un desafío con un proveedor internacional. Han surgido preocupaciones sobre el cumplimiento normativo en términos de estándares laborales y derechos humanos en la fábrica del proveedor. Tu tarea es evaluar la situación y tomar una decisión sobre si continuar trabajando con el proveedor o buscar alternativas.

Pregunta: ¿Qué acciones específicas tomarías para investigar las preocupaciones sobre el cumplimiento normativo del proveedor en términos de estándares laborales y derechos humanos?

Por favor, proporciona tu respuesta y estaré encantado de darte retroalimentación y continuar con el juego. Recuerda que como ALEXA, estoy aquí para ayudarte a mejorar tus habilidades en gestión de proveedores y cumplimiento normativo. ¡Adelante!

Prompt

Gracias

AmazonGPT
Poe
¡De nada! Estoy aquí para ayudarte en tu aprendizaje. Por favor, proporciona tu respuesta a la pregunta planteada y estaré encantado de brindarte retroalimentación y continuar con el juego. Recuerda que como ALEXA, estoy aquí para ayudarte a mejorar tus habilidades en gestión de proveedores y cumplimiento normativo. ¡Adelante!

Fin del caso práctico.

Te muestro algunos ejemplos en borrador de cómo podrías utilizar este patrón para mejorar tu aprendizaje y habilidades en el campo de abastecimiento y compras:

1. Resolución de Problemas:
Usuario: Quiero mejorar mis habilidades en la resolución de problemas relacionados con la gestión de compras y abastecimiento.
ChatGPT: Claro, podemos aplicar el patrón de juegos. Proporciona un problema específico o escenario de abastecimiento y compras que te gustaría resolver.

2. Formación del Equipo de Compras:
Usuario: Estoy interesado en aprender cómo formar un equipo de compras eficiente en una organización.
ChatGPT: Genial, aplicaremos el patrón de juegos. Proporciona información sobre tu organización y los objetivos del equipo de compras, y te ayudaré a crear un plan para formar un equipo eficiente.

3. Evaluación de Proveedores:
Usuario: Quiero mejorar mis habilidades en la evaluación de proveedores para tomar decisiones de compra más efectivas.
ChatGPT: Perfecto, utilizaremos el patrón de juegos. Proporciona detalles sobre un proveedor específico o un escenario de evaluación de proveedores, y te guiaré para crear un enfoque efectivo para la evaluación.

4. Negociación de Contratos:
Usuario: Necesito aprender cómo negociar contratos de compra de manera efectiva.
ChatGPT: Claro, aplicaremos el patrón de juegos. Proporciona detalles sobre un contrato de compra que deseas negociar, y te ayudaré a desarrollar estrategias de negociación.

5. Patrón de Gestión de Inventarios:
Usuario: Quiero comprender mejor la gestión de inventarios en el contexto de compras y abastecimiento.
ChatGPT: Excelente, utilizaremos el patrón de juegos. Proporciona información sobre tus necesidades de inventario y te guiaré para establecer prácticas eficientes de gestión de inventarios.

6. Evaluación de Costos y Beneficios:

Usuario: Quiero aprender a evaluar los costos y beneficios de las decisiones de compra.
ChatGPT: Muy bien, aplicaremos el patrón de juegos. Proporciona información sobre una decisión de compra que debas tomar, y te ayudaré a analizar los costos y beneficios involucrados.

7. Auditoría de Compras:
Usuario: Estoy interesado en aprender cómo realizar auditorías de compras para garantizar la eficiencia y el cumplimiento.
ChatGPT: Genial, utilizaremos el patrón de juegos. Proporciona detalles sobre un proceso de compra específico que deseas auditar, y te guiaré en el proceso de auditoría.
Estos son solo ejemplos de cómo puedes aplicar el patrón de juego .

Tomare algunos ejemplos y los ampliare, este primer ejemplo ya lo vimos desarrolladoj Selección de nuevos proveedores en el área de compras!
Reglas del Juego:
1. Proporcionaré escenarios y preguntas para evaluar y seleccionar nuevos proveedores.
2. Tu tarea será responder a mis preguntas y definir criterios de selección basados en calidad, costo y capacidad de entrega.

ChatGPT: Comencemos. Imagina que estás buscando un nuevo proveedor para componentes electrónicos utilizados en tus productos. ¿Cuáles son los principales criterios de calidad que considerarías al evaluar a los proveedores potenciales?
Usuario: Para nosotros, la calidad se refiere a la durabilidad y confiabilidad de los componentes electrónicos.
ChatGPT: Entendido. Ahora, además de la calidad, ¿qué otros criterios de selección considerarías al evaluar a un proveedor, ya sea local o global?
Usuario: También consideramos la capacidad de entrega puntual y el costo competitivo.

ChatGPT: Muy bien. Para garantizar que estamos seleccionando al proveedor adecuado, ¿puedes proporcionar ejemplos de situaciones en las que la capacidad de entrega puntual y el costo competitivo hayan sido cruciales en tu industria?
Usuario: Claro, en nuestra industria, los retrasos en la entrega pueden afectar los plazos de producción, y el costo es un factor importante para mantener nuestra competitividad en el mercado.
Continuaríamos el juego aplicando estos criterios a la evaluación de proveedores potenciales y seleccionando al mejor proveedor en función de los criterios definidos

Ejemplo 3: Procesos de Compras y Análisis de Costos
ChatGPT: ¡Bienvenido al juego de aprendizaje sobre procesos de compras y análisis de costos en el área de abastecimiento! En este juego, aprenderás a gestionar procesos de compras de manera eficiente y a controlar los costos. Soy tu maestro de juego y estoy aquí para ayudarte a aprender.
Reglas del Juego:
1. Te proporcionaré escenarios relacionados con procesos de compras y control de costos.
2. Tu tarea será tomar decisiones y proporcionar información relevante para optimizar los procesos de compras y reducir los costos.

ChatGPT: Comencemos. Imagina que estás a cargo de las compras de materias primas para una fábrica de productos electrónicos. La demanda de ciertos componentes ha aumentado considerablemente. ¿Cómo planificarías tus compras para satisfacer esta demanda creciente y al mismo tiempo controlar los costos?
Usuario: Para gestionar esta situación, buscaría oportunidades para consolidar compras y obtener economías de escala. También analizaría las alternativas de abastecimiento para asegurarme de obtener los mejores precios.

ChatGPT: Muy bien. Además de la consolidación de compras y la búsqueda de mejores precios, ¿qué otras estrategias considerarías para optimizar los plazos de entrega y reducir los costos de transporte?

Usuario: Podríamos explorar opciones de proveedores locales para reducir los tiempos de entrega y costos de transporte. También podríamos utilizar sistemas de gestión de inventarios para minimizar el almacenamiento de exceso de existencias. Continuaríamos el juego aplicando estas estrategias a situaciones específicas relacionadas con procesos de compras y control de costos.

Ejemplo 4: Gestión de Inventarios y Cumplimiento Normativo

ChatGPT: ¡Bienvenido al juego de aprendizaje sobre gestión de inventarios y cumplimiento normativo en el área de compras! En este juego, aprenderás a supervisar y coordinar inventarios eficientes mientras te aseguras de cumplir con las regulaciones. Soy tu maestro de juego y estoy aquí para ayudarte a aprender.

Reglas del Juego:
1. Te proporcionaré escenarios relacionados con gestión de inventarios y cumplimiento normativo.
2. Tu tarea será tomar decisiones y proporcionar información relevante para mantener inventarios eficientes y cumplir con las regulaciones.

ChatGPT: Empecemos. Supongamos que estás a cargo del inventario de productos electrónicos en tu almacén. Has notado que algunos productos han estado en el inventario durante mucho tiempo y podrían considerarse obsoletos. ¿Cómo abordarías esta situación y qué aspectos considerarías tanto a nivel local como internacional?

Usuario: Para abordar esto, primero identificaría los productos que consideramos obsoletos y evaluaría si aún tienen demanda en el mercado internacional. Si no, buscaría formas de liquidar o vender esos productos de manera eficiente.

ChatGPT: Excelente. Además de identificar productos obsoletos, ¿qué registros y documentación precisarías mantener tanto a nivel local como internacional para garantizar el cumplimiento normativo en la gestión de inventarios?

Usuario: Deberíamos mantener registros de inventario precisos, documentando aspectos como los procesos aduaneros, las fechas de adquisición y las fechas de vencimiento de los productos, cumpliendo así con las regulaciones tanto locales como internacionales.

Ejemplo 5: Gestión de Proveedores y Cumplimiento Normativo

Usuario: ¡Hola, estoy listo para jugar un juego de aprendizaje sobre gestión de proveedores y cumplimiento normativo en el área de compras! Quiero que ChatGPT sea el maestro del juego y me ayude a mejorar mis habilidades en esta área.

Características necesarias para que ChatGPT sea el Maestro del Juego:
1. Debe proporcionar escenarios relacionados con la gestión de proveedores y el cumplimiento normativo.
2. Debe plantear desafíos y preguntas específicas para que pueda aprender de manera efectiva.
3. Debe ofrecer retroalimentación y evaluación constante de mis respuestas para que pueda mejorar.

Usuario: Comencemos. Imagina que soy el gerente de compras de una empresa de electrónicos y necesito seleccionar un nuevo proveedor de componentes clave para nuestros productos. ¿Qué criterios debo considerar al evaluar a los proveedores tanto a nivel local como internacional?

ChatGPT: Claro, considerarías aspectos como la calidad de los productos, la capacidad de entrega, los precios competitivos y el cumplimiento normativo, tanto local como internacional. ¿Cómo abordarías la evaluación de estos aspectos?

Usuario: Buen punto. Para evaluar la calidad, podría solicitar muestras de productos y realizar pruebas de calidad. Para la capacidad de entrega, revisaría su historial de entregas pasadas. Para los precios, compararía cotizaciones y para el cumplimiento normativo, verificaría que cumplan con regulaciones locales e internacionales relevantes.

Continuaríamos el juego explorando más aspectos de la gestión de proveedores y el cumplimiento normativo.

Ejemplo 6: Planificación y Estrategia en Abastecimiento

Usuario: ¡Vamos a jugar un juego de aprendizaje sobre planificación y estrategia en abastecimiento! Quiero que ChatGPT sea el maestro del juego y me ayude a mejorar mis habilidades en este aspecto.

Características necesarias para que ChatGPT sea el Maestro del Juego:

1. Debe proporcionar escenarios relacionados con la planificación y estrategia de abastecimiento.

2. Debe retarme con decisiones estratégicas y objetivos organizacionales.

3. Debe ofrecer guía y consejos basados en buenas prácticas.

Usuario: Comencemos. Imagina que soy el director de abastecimiento de una empresa que busca expandirse globalmente. Necesito desarrollar una estrategia de abastecimiento que se alinee con nuestros objetivos organizacionales. ¿Qué pasos iniciales debería tomar y qué consideraciones globales debería tener en cuenta?

ChatGPT: Excelente elección de juego. Para desarrollar una estrategia de abastecimiento global, primero deberías analizar los objetivos de expansión y determinar qué productos o componentes necesitas a nivel global. Luego, identificar proveedores estratégicos tanto locales como globales y evaluar su capacidad de comercio internacional. Además, debes considerar las regulaciones de importación y exportación en cada región.

Usuario: Eso tiene sentido. También quiero establecer metas para mejorar la calidad de los productos y reducir costos. ¿Qué estrategias sugerirías para alcanzar estos objetivos de manera efectiva?

ChatGPT: Para mejorar la calidad, podrías implementar procesos de control de calidad rigurosos y colaborar estrechamente con proveedores estratégicos en la mejora continua. Para reducir costos, podrías buscar oportunidades de consolidación de compras y optimización de plazos de entrega. Además, la diversificación de la base de proveedores podría ayudarte a reducir riesgos y costos.

Continuaríamos el juego explorando más estrategias de planificación y abastecimiento a nivel global

Ejemplo 7: Procesos de Compras y Control de Costos

Usuario: ¡Estoy listo para un nuevo juego de aprendizaje! En esta ocasión, quiero que ChatGPT sea el maestro del juego y me ayude a mejorar mis habilidades en procesos de compras y control de costos.

Características necesarias para que ChatGPT sea el Maestro del Juego:
1. Debe proporcionar situaciones desafiantes relacionadas con procesos de compras y control de costos.
2. Debe permitirme tomar decisiones y evaluar mis elecciones.
3. Debe ofrecer consejos prácticos basados en buenas prácticas.

Usuario: Comencemos. Imagina que soy el gerente de compras de una cadena de supermercados. Necesito optimizar los plazos de entrega y los costos de transporte para garantizar la eficiencia en la cadena de suministro. ¿Qué estrategias sugerirías para lograr esto?

ChatGPT: Claro, una estrategia efectiva podría ser optimizar la logística de entrega y colaborar con proveedores para reducir costos. También podrías considerar la consolidación de envíos y utilizar sistemas de gestión de inventarios para prever la demanda y evitar excesos de existencias que generen costos adicionales.

Usuario: Excelente, eso tiene sentido. Ahora, en el contexto de los procesos de compras, ¿cómo puedo asegurarme de que cumplimos con las regulaciones locales e internacionales, incluyendo aspectos aduaneros y de comercio internacional?

ChatGPT: Para garantizar el cumplimiento normativo, debes establecer políticas y procedimientos sólidos que se adhieran a las regulaciones locales e internacionales. También es importante mantener registros precisos de las transacciones y documentar adecuadamente los procesos aduaneros. Puedes colaborar con expertos en comercio internacional y capacitarte en las normativas aplicables.

En este juego, continuaríamos explorando situaciones relacionadas con procesos de compras y control de costos.

Ejemplo 8: Gestión de Inventarios y Mejora Continua

Usuario: ¡Otro juego, pero esta vez quiero que yo sea quien inicie el juego! Tengo un escenario en mente relacionado con la gestión de inventarios y la mejora continua en el área de compras.

Características necesarias para que el Usuario inicie el Juego:
1. Debo presentar un escenario desafiante relacionado con la gestión de inventarios y la mejora continua.
2. ChatGPT debe actuar como el maestro del juego y ofrecer orientación en función de mi escenario.

Usuario: Comencemos. Imagina que soy el director de logística de una cadena de tiendas minoristas y estoy buscando formas de mejorar la gestión de inventarios. Tenemos problemas con productos obsoletos y exceso de existencias. ¿Qué estrategias puedo implementar para abordar esto?

ChatGPT: Un desafío común. Puedes implementar un sistema de gestión de inventarios más eficiente que utilice pronósticos de demanda precisos. También podrías identificar productos obsoletos y ofrecer descuentos para agotar existencias. La colaboración con otros departamentos, como ventas, para anticipar cambios en la demanda es clave para evitar excesos de existencias.

Usuario: ¡Gracias por la orientación! Ahora, en términos de mejora continua, ¿cómo puedo recopilar y analizar datos clave de rendimiento tanto a nivel local como global para tomar decisiones informadas?

ChatGPT: Para la mejora continua, debes implementar sistemas de seguimiento de datos clave, como el tiempo de rotación de inventario y los costos de almacenamiento. Utiliza herramientas de análisis para evaluar el rendimiento de tus estrategias. La comunicación con otros departamentos y la retroalimentación de los equipos de ventas también son valiosas para ajustar tus enfoques.

Ejemplo 9: Negociación con Proveedores y Gestión de Personal

Usuario: ¡Vamos a jugar otro juego de aprendizaje! En esta ocasión, quiero que ChatGPT sea el maestro del juego y me ayude a mejorar mis habilidades en negociación con proveedores y gestión de personal.

Características necesarias para que ChatGPT sea el Maestro del Juego:

1. Debe proporcionar situaciones desafiantes relacionadas con la negociación con proveedores y la gestión de personal.

2. Debe permitirme tomar decisiones y evaluar mis habilidades en ambas áreas.

Usuario: Comencemos con la negociación. Imagina que soy el gerente de compras de una empresa que busca negociar acuerdos con proveedores internacionales. ¿Cuáles son algunas estrategias efectivas para lograr acuerdos beneficiosos?

ChatGPT: Claro, en la negociación internacional, es esencial investigar a fondo a los proveedores y conocer los costos y términos del mercado. También puedes buscar oportunidades de consolidación de compras para obtener mejores condiciones. La comunicación efectiva y la flexibilidad en las negociaciones son clave para lograr acuerdos mutuamente beneficiosos.

Usuario: Gracias por los consejos. Ahora, en términos de gestión de personal en el departamento de compras, ¿cómo puedo asegurarme de que mi equipo esté alineado con políticas y regulaciones tanto locales como internacionales?

ChatGPT: Para la gestión de personal, debes establecer políticas claras que reflejen las regulaciones locales e internacionales. Proporciona capacitación continua a tu equipo para que comprendan y cumplan con estas políticas. La evaluación regular del desempeño también es fundamental para garantizar la conformidad.

Usuario: ¡Excelente! Estos son consejos valiosos. Sigamos aprendiendo.

Ejemplo 10: Gestión de S&OP y Trabajo en Equipos Interfuncionales

Usuario: Ahora, quiero ser yo quien inicie el juego. Tengo un escenario en mente relacionado con la gestión de S&OP y el trabajo en equipos interfuncionales.

Características necesarias para que el Usuario inicie el Juego:

1. Debo presentar un escenario desafiante relacionado con la gestión de S&OP y el trabajo en equipos interfuncionales.

2. ChatGPT debe actuar como el maestro del juego y ofrecer orientación basada en mi escenario.

Usuario: Imagina que soy el director de operaciones de una empresa que necesita mejorar la coordinación entre las áreas de ventas y operaciones mediante la gestión de S&OP. ¿Cómo puedo liderar este esfuerzo de manera efectiva?

ChatGPT: En este escenario, es fundamental establecer reuniones regulares de S&OP donde los equipos de ventas y operaciones compartan información clave. Debes colaborar estrechamente con ambos departamentos para asegurarte de que las estrategias se integren de manera cohesiva. Además, la comunicación efectiva y la resolución conjunta de problemas son esenciales.

Usuario: Gracias por la orientación. Ahora, en cuanto al trabajo en equipos inter-funcionales, ¿qué estrategias puedo utilizar para fomentar la comunicación efectiva entre departamentos y alinear las estrategias de abastecimiento con los objetivos de la organización?

ChatGPT: Para fomentar la comunicación efectiva, puedes participar activamente en reuniones interdepartamentales donde se compartan metas y desafíos. Además, establecer un punto de contacto en cada departamento puede facilitar la coordinación. La colaboración en proyectos conjuntos y la resolución de problemas inter-funcionales son formas efectivas de alinear estrategias

Ejemplo 11: Gestión de Inventarios y Procesos de Compras

Usuario: ¡Vamos a jugar un juego de aprendizaje! Esta vez, quiero que ChatGPT sea el maestro del juego y me ayude a mejorar mis habilidades en gestión de inventarios y procesos de compras.

Características necesarias para que ChatGPT sea el Maestro del Juego:

1. Debe proporcionar situaciones desafiantes relacionadas con la gestión de inventarios y procesos de compras.

2. Debe permitirme tomar decisiones y evaluar mis habilidades en ambas áreas.

Usuario: Comencemos con la gestión de inventarios. Imagina que soy el gerente de inventarios de una empresa que necesita optimizar su inventario de productos electrónicos. ¿Qué estrategias puedo implementar para identificar y reducir productos obsoletos o en exceso de existencias?

ChatGPT: En la gestión de inventarios, es esencial realizar un análisis de demanda y utilizar métodos de pronóstico precisos. También puedes implementar sistemas de gestión de inventarios que te proporcionen visibilidad en tiempo real. Identifica productos obsoletos y excesos de existencias mediante el seguimiento constante y coordina con otros departamentos para ajustar el inventario en consecuencia.

Usuario: ¡Gracias por los consejos! Ahora, en términos de procesos de compras, ¿cómo puedo garantizar que las compras cumplan con los procedimientos y regulaciones tanto locales como internacionales, incluyendo aspectos aduaneros y de comercio internacional?

ChatGPT: Para cumplir con procedimientos y regulaciones, debes emitir solicitudes de cotización o participar en licitaciones de acuerdo con las regulaciones locales e internacionales. Evalúa y compara las ofertas de proveedores en función de criterios predefinidos que incluyan aspectos aduaneros y de comercio internacional. Mantén registros precisos y establece políticas para el seguimiento de las compras, considerando aspectos de cumplimiento normativo y aduanero.

Usuario: ¡Excelente! Estos son consejos valiosos para mis responsabilidades. Sigamos aprendiendo.

Ejemplo 12: Control de Costos y Cumplimiento Normativo

Usuario: Quiero jugar otro juego de aprendizaje. En esta ocasión, yo dirigiré el juego, y necesito que ChatGPT sea el maestro del juego para ayudarme a mejorar mis habilidades en control de costos y cumplimiento normativo.

Características necesarias para que el Usuario dirija el Juego:
1. Debo presentar un escenario desafiante relacionado con el control de costos y el cumplimiento normativo.
2. ChatGPT debe actuar como el maestro del juego y ofrecer orientación basada en mi escenario.

Usuario: Imagina que soy el director financiero de una empresa que busca reducir los costos de adquisición y operativos tanto a nivel local como internacional. ¿Qué estrategias efectivas puedo implementar para garantizar la competitividad?

ChatGPT: En el control de costos, es importante analizar detalladamente los gastos y buscar oportunidades de consolidación de compras para obtener economías de escala. Además, puedes negociar términos de pago favorables con proveedores y explorar alternativas de abastecimiento para reducir costos. El seguimiento constante de los gastos y la presentación de informes de costos son clave para la competitividad.

Usuario: Gracias por los consejos. Ahora, en cuanto al cumplimiento normativo, ¿cómo puedo asegurarme de que todas las compras cumplan con las regulaciones locales e internacionales, incluyendo normativas de calidad, comercio internacional y aduanas?

ChatGPT: Para el cumplimiento normativo, debes mantener registros y documentación precisa tanto a nivel local como internacional. Evalúa y mitiga los riesgos de cumplimiento asociados a las compras, considerando normativas de calidad, comercio internacional y aduanas. Asegúrate de que tus políticas y procedimientos estén alineados con estas regulaciones.

Ejemplo 13: Control de Inventarios en el Almacén

Usuario: ¡Es hora de otro juego de aprendizaje! En este juego, quiero que ChatGPT sea el maestro del juego y me ayude a mejorar mis habilidades en el control de inventarios en un almacén.

Características necesarias para que ChatGPT sea el Maestro del Juego:
1. Debe presentar un escenario desafiante relacionado con el control de inventarios en un almacén.
2. Debe permitirme tomar decisiones y evaluar mis habilidades en esta área.

Usuario: Imagina que soy el gerente de un almacén de productos perecederos. Mi desafío es minimizar las pérdidas debido a la caducidad de productos. ¿Qué estrategias puedo implementar para lograr un control efectivo de los inventarios y reducir el desperdicio?

ChatGPT: En el control de inventarios en almacenes de productos perecederos, es esencial implementar un sistema de gestión de inventarios que priorice el principio FIFO (First In, First Out). Esto significa que los productos más antiguos se deben vender o utilizar primero. Además, debes realizar un seguimiento constante de las fechas de vencimiento y establecer alertas para productos próximos a caducar. Colabora estrechamente con el equipo de compras para ajustar los pedidos y evitar excesos de existencias.

Usuario: ¡Gracias por los consejos! Esta situación es un desafío importante para mí. Sigamos con otro escenario.

Ejemplo 14: Gestión de Proveedores Globales y Evaluación de Desempeño

Usuario: En este juego, seré el director de compras y el maestro del juego. Quiero que ChatGPT me ayude a mejorar mis habilidades en la gestión de proveedores globales y la evaluación de su desempeño.

Características necesarias para que el Usuario dirija el Juego:
1. Debo presentar un escenario desafiante relacionado con la gestión de proveedores globales y la evaluación de su desempeño.
2. ChatGPT debe actuar como el maestro del juego y ofrecer orientación basada en mi escenario.

Usuario: Imagina que soy responsable de gestionar proveedores globales en una industria altamente competitiva. Mi desafío es asegurarme de que estos proveedores cumplan con los estándares de calidad y tiempo de entrega. ¿Qué estrategias puedo implementar para evaluar y mejorar su desempeño?

ChatGPT: En la gestión de proveedores globales, es esencial establecer acuerdos y contratos detallados que incluyan métricas de calidad y plazos de entrega. Realiza evaluaciones regulares de desempeño basadas en estos criterios y comunica de manera efectiva cualquier desviación a los proveedores. Además, considera diversificar tu base de proveedores globales para reducir riesgos. Mantén una comunicación constante para resolver problemas y mejorar la relación con ellos

Gestión de Contratos Internacionales y Problemas en la Recepción de Mercancía - Incoterms FCA

Usuario: ¡Vamos a jugar un juego centrado en la gestión de contratos internacionales! Seré el director de compras y definiré el escenario. Quiero que ChatGPT sea el maestro del juego y me ayude a mejorar mis habilidades en la administración de contratos internacionales y la resolución de problemas relacionados con la recepción de mercancía bajo el Incoterm FCA. ¿Puedes ser mi maestro de juego en esta situación?
Características necesarias para que ChatGPT sea el Maestro del Juego:
1. Debe presentar un escenario relacionado con la gestión de contratos internacionales bajo un Incoterm específico.
2. Debe permitirme tomar decisiones y evaluar mis habilidades en la resolución de problemas en este contexto.

Usuario: Imagina que mi empresa, con sede en Uruguay, ha firmado un contrato internacional bajo el Incoterm FCA con un proveedor en Alemania. Según el contrato, la responsabilidad de la entrega de la mercancía recae en el proveedor hasta que se encuentre a bordo del medio de transporte en Alemania. Sin embargo, hemos tenido problemas al recibir la mercancía, ya que llegó dañada a Uruguay. ¿Qué pasos debería seguir y cuáles son los puntos clave a revisar en el contrato?

ChatGPT: En esta situación, es esencial tomar medidas específicas para resolver el problema y considerar los puntos clave del contrato bajo el Incoterm FCA. Primero, debes documentar detalladamente los daños y, si es posible, tomar fotografías como evidencia. Luego, comunícate con el proveedor en Alemania para informar sobre los daños y solicitar una solución. Es importante revisar el contrato para determinar quién es responsable de los gastos por la contingencia en el origen, ya que bajo el Incoterm FCA, la responsabilidad del proveedor termina una vez que la mercancía está a bordo. En este caso, el análisis debe incluir si el daño ocurrió antes o después de que la mercancía estuviera a bordo.

Usuario: ¡Exacto! La evidencia y la comunicación son cruciales. Además, al revisar el contrato, noté que se especifica que el riesgo de pérdida o daño se transfiere del proveedor al comprador en el momento en que la mercancía se encuentra a bordo del medio de transporte en Alemania, antes de su salida. Sin embargo, no se mencionan los gastos por la contingencia en el origen. ¿Cómo puedo determinar quién es responsable de cubrir estos gastos?

ChatGPT: La asignación de gastos por la contingencia en el origen debe estar claramente definida en el contrato. Dado que el contrato bajo el Incoterm FCA especifica que el riesgo se transfiere al comprador en el momento en que la mercancía está a bordo, es importante verificar si el contrato incluye disposiciones específicas sobre la responsabilidad de los gastos relacionados con los daños en el origen. Si no se mencionan estos gastos en el contrato, podrías considerar negociar una enmienda o acuerdo adicional con el proveedor para abordar esta contingencia de manera justa y acorde a los términos del contrato.

Usuario: ¡Entendido! En este caso, parece que la responsabilidad de los gastos por la contingencia en el origen no está claramente definida en el contrato existente. Comunicaré este problema al proveedor en Alemania y buscaré una solución que sea justa para ambas partes. Gracias por tu ayuda, ChatGPT. ¿Tienes otro escenario relacionado con contratos internacionales y compras que podamos explorar?

ChatGPT: Claro, podemos continuar explorando otros escenarios y desafíos relacionados con contratos internacionales y compras en futuros juegos. ¡Estoy aquí para ayudarte a mejorar tus habilidades en esta área!

Ejemplo Detallado: Investigación de Mercado para Adquisición de Componentes Químicos - Ingeniería de Compras

Usuario: ¡Vamos a jugar un juego centrado en la investigación de mercado para la adquisición de componentes químicos! En este escenario, quiero que ChatGPT sea el maestro del juego y me ayude a identificar nuevas oportunidades y tendencias en la industria química para mejorar nuestra línea de producción. ¿Puedes asumir ese rol, ChatGPT?

Características necesarias para que ChatGPT sea el Maestro del Juego:

1. Debe presentar un escenario relacionado con la investigación de mercado en la adquisición de componentes químicos.

2. Debe ofrecer sugerencias inteligentes y estratégicas basadas en su conocimiento como especialista en abastecimiento.

Usuario: Mi empresa se dedica a la fabricación de productos químicos y actualmente estamos buscando nuevos componentes y tintas para nuestra línea de producción. Queremos mejorar la calidad de nuestros productos y mantenernos actualizados con las últimas tendencias de la industria química. ¿Qué pasos debemos seguir para realizar una investigación de mercado efectiva y qué fuentes de información recomendarías?

ChatGPT: Excelente elección de enfoque. Para realizar una investigación de mercado efectiva en la adquisición de componentes químicos, considera los siguientes pasos:

1. **Definición de Objetivos**: Comienza por definir claramente tus objetivos. ¿Qué tipo de componentes químicos o tintos estás buscando? ¿Cuáles son tus expectativas de calidad y precio?

2. **Identificación de Fuentes de Información**: Busca fuentes confiables de información sobre la industria química. Puedes consultar informes de mercado de empresas especializadas, publicaciones científicas, asociaciones

industriales y bases de datos en línea. Además, considera la posibilidad de establecer contactos con proveedores y expertos en la industria.

3. **Análisis de Tendencias**: Examina las tendencias actuales en la industria química. Esto podría incluir avances tecnológicos, cambios en la regulación, nuevas formulaciones químicas y demanda del mercado. Presta especial atención a las innovaciones que podrían mejorar la calidad de tus productos.

4. **Evaluación de Proveedores Potenciales**: Identifica proveedores potenciales que ofrezcan los componentes químicos o tintos que necesitas. Investiga su historial, calidad de productos y capacidad de entrega. Puedes utilizar directorios de proveedores y realizar análisis de competitividad.

5. **Benchmarking de Precios y Calidad**: Compara precios y calidad de los componentes químicos disponibles en el mercado. Esto te ayudará a determinar si estás obteniendo la mejor relación calidad-precio.

6. **Contacto con Expertos**: No dudes en contactar a expertos en la industria química para obtener recomendaciones y orientación. Pueden proporcionarte información valiosa sobre los últimos avances y mejores prácticas.

Usuario: ¡Estos son pasos sólidos para comenzar! Además, me gustaría saber si tienes sugerencias específicas de componentes químicos o tintas innovadoras que podrían ser beneficiosas para nuestra línea de producción. ¿Puedes brindarme algunas ideas?
ChatGPT: Por supuesto, aquí tienes algunas sugerencias de componentes químicos y tintos innovadores que podrían ser de interés:

1. **Tintas Conductivas**: Si tu línea de producción incluye dispositivos electrónicos, las tintas conductivas podrían

ser útiles para imprimir circuitos electrónicos flexibles directamente en sustratos.

2. **Tintas Termocrómicas**: Estas tintas cambian de color en respuesta a cambios de temperatura, lo que podría ser utilizado en etiquetas indicadoras de temperatura o embalajes inteligentes.

3. **Aditivos Antimicrobianos**: Si fabricas productos relacionados con la salud o la higiene, considera la adición de aditivos antimicrobianos para garantizar la seguridad de los usuarios.

4. **Tintas Fluorescentes**: Las tintas fluorescentes pueden utilizarse en productos de señalización y seguridad para mejorar la visibilidad en condiciones de poca luz.

Polímeros Biodegradables: Si buscas soluciones más sostenibles, investiga polímeros biodegradables que puedan reemplazar materiales tradicionales.

Patrón de Plantillas

Obtener información de manera efectiva y en el formato deseado puede ser un desafío. Te mostrare como utilizar este patrón muy útil llamado "Patrón de Plantillas" que te permitirá obtener la información que necesitas de la manera que la deseas utilizando la inteligencia artificial generativa. El patrón de plantilla es una técnica que se puede utilizar para controlar el formato de la salida de un modelo de lenguaje grande. El patrón funciona proporcionando al modelo una plantilla con marcadores de posición que deben rellenarse con la salida generada por el modelo

¿Qué es el Patrón de Plantillas?

Imagina que tienes una plantilla predefinida para obtener información específica sobre proveedores, productos o contratos. En lugar de buscar esa información manualmente o dar instrucciones detalladas a un asistente, puedes proporcionar esta plantilla a ChatGPT y él llenará los espacios en blanco con la información correspondiente. Es como si estuvieras dando un formulario a tu asistente y él se encargara de completar el formulario.

Cómo Funciona el Patrón de Plantillas:

Patrón de plantilla, puntos a tener en cuenta:

- **Plantilla:** Una plantilla es una estructura que se utiliza para generar texto.

- **Marcadores de posición:** Los marcadores de posición son espacios en la plantilla que se rellenan con contenido.

- **Relleno**: El relleno es el proceso de reemplazar los marcadores de posición con contenido

Ventajas del Patrón de Plantillas:
- Ahorro de tiempo en la obtención de información.
- Consistencia en el formato de la información.
- Personalización según tus necesidades específicas.
- Mayor eficiencia en la gestión de compras y abastecimiento.

Supongamos que queremos utilizar el modelo para generar un informe de ventas/compras. El informe debe incluir los siguientes datos:
- El nombre del producto
- La cantidad vendida
- El precio de venta

Podemos utilizar el **patrón de plantilla** para controlar el formato de la salida del modelo de la siguiente manera:

Prompt : ChatGPT, genera un **informe** de ventas para el producto "MacBook Pro". La cantidad vendida fue de 100 unidades y el precio de venta fue de 1.000 dólares.
La plantilla para el informe de ventas sería la siguiente:

[PRODUCTO]

Cantidad vendida: **[CANTIDAD]**
Precio de venta: **[PRECIO]**

Los **marcadores de posición son las palabras en mayúsculas**. En este caso, los marcadores de posición son **PRODUCTO, CANTIDAD y PRECIO**.
Para utilizar la plantilla, podemos proporcionarla al modelo de lenguaje de la siguiente manera:

Prompt : ChatGPT, genera un informe de ventas utilizando la siguiente plantilla:
[PRODUCTO]
Cantidad vendida: **[CANTIDAD]**
Precio de venta: **[PRECIO]**
La respuesta del modelo de lenguaje sería la siguiente:

ChatGpt:
MacBook Pro
Cantidad vendida: 100
Precio de venta: 1.000
Como se puede ver, la respuesta del modelo de lenguaje sigue el formato especificado por la plantilla.

Ejemplo de Google Bard/GEMINI:
Para generar una lista de suministros, podemos utilizar el patrón de plantilla con los siguientes marcadores de posición:
- Suministro: El nombre del suministro.
- Cantidad: La cantidad del suministro que se necesita.
- Precio: El precio del suministro.

Por ejemplo, si necesitamos una lista de los siguientes suministros:
- Tornillos
- Tuercas
- Cables

Podemos utilizar la siguiente plantilla:

Suministro	Cantidad	Precio
Tornillos	100	\$1.00
Tuercas	500	\$0.50
Cables	200 metros	\$2.00

Podemos proporcionar esta plantilla a un modelo de lenguaje y el modelo rellenará los marcadores de posición con la información que proporcionamos. El resultado sería una lista de suministros con el siguiente formato:

Suministro	Cantidad	Precio
Tornillos	100	$1.00
Tuercas	500	$0.50
Cables	200 metros	$2.00

drive_spreadsheet Exportar a Hojas de cálculo

Ejemplo 2: Generación de un informe de compras
Otro ejemplo de cómo se puede utilizar el patrón de plantilla en el área de abastecimiento y compras es para generar un informe de compras. Un informe de compras suele incluir información sobre los suministros que se han comprado, los proveedores de los que se han comprado y los precios que se han pagado.
Para generar un informe de compras, podemos utilizar el patrón de plantilla con los siguientes marcadores de posición:

- Fecha: La fecha de la compra.
- Suministro: El nombre del suministro que se compró.
- Proveedor: El nombre del proveedor del que se compró el suministro.
- Cantidad: La cantidad del suministro que se compró.

- Precio: El precio del suministro.

Por ejemplo, si queremos generar un informe de compras de los suministros que hemos comprado en el último mes, podemos utilizar la siguiente plantilla:

Fecha	Suministro	Proveedor	Cantidad	Precio
2023-07-01	Tornillos	ABC Supply	100	\$1.00
2023-07-05	Tuercas	XYZ Supply	500	\$0.50
2023-07-10	Cables	DEF Supply	200 metros	\$2.00

Podemos proporcionar esta plantilla a un modelo de lenguaje y el modelo rellenará los marcadores de posición con la información que proporcionamos. El resultado sería un informe de compras con el siguiente formato:

Fecha	Suministro	Proveedor	Cantidad	Precio
2023-07-01	Tornillos	ABC Supply	100	$1.00
2023-07-05	Tuercas	XYZ Supply	500	$0.50
2023-07-10	Cables	DEF Supply	200 metros	$2.00

drive_spreadsheetExportar a Hojas de cálculo

Veamos un ejemplo del patrón de plantillas aplicando Google Gemini / Bard:

M Prompt:

Necesito me referencies proveedores Europeos que comercialicen este suministro: Controlador Lógico Programable (PLC):

Marca: ABC Electronics

Modelo: PLC-5000X

Especificaciones técnicas:

Arquitectura: Procesador de 32 bits

Memoria: 2 MB de memoria RAM

Memoria de programa: 8 MB de memoria flash

Número de entradas digitales: 24 (24V DC)

Número de salidas digitales: 16 (24V DC)

Número de entradas analógicas: 8 (0-10V DC)

Número de salidas analógicas: 4 (0-20mA)

Puertos de comunicación: 2 puertos Ethernet, 1 puerto RS-485, 1 puerto USB

Protocolos de comunicación: Modbus TCP/IP, Ethernet/IP, OPC

Velocidad de comunicación: 10/100 Mbps

Tiempo de ciclo mínimo: 1 ms

Tensión de alimentación: 24V DC

Consumo de energía: 5W

Temperatura de operación: -10°C a 60°C

Grado de protección: IP20 (para uso en gabinete cerrado)

Necesito que la información que obtengas salga de salga de esta manera:

- Informe de Abastecimiento y Comercio Exterior

" Plantilla: "[PRODUCTO] "Proveedor evaluado: [PROVEEDOR]" "Costo promedio de adquisición: [COSTO]" "Tiempo de entrega promedio: [TIEMPO]" "Riesgos identificados: [RIESGOS]" "Recomendaciones: [RECOMENDACIONES]"

 Bard:

Informe de Abastecimiento y Comercio Exterior

Producto: Controlador Lógico Programable (PLC)

Proveedor evaluado: Schneider Electric

Costo promedio de adquisición: 2.500 €

Tiempo de entrega promedio: 2 semanas

Riesgos identificados:

Recomendaciones:

Es importante negociar un contrato de compraventa que incluya garantías y condiciones de servicio claras.

Es recomendable realizar una visita al proveedor para conocer sus instalaciones y procesos de producción.

Evaluación del proveedor

Schneider Electric es una empresa francesa líder en la fabricación de equipos eléctricos y de automatización. La empresa tiene más de 180 años de experiencia en el sector y cuenta con una amplia

Los riesgos identificados en Schneider Electric son los siguientes:

Prompt:
Buscar 5 proveedores adicionales, y llenar la información que brindan, que necesito sea la salida de la información, por favor en formato tabla

Tabla que se descarga:

Producto	Proveedor evaluado	Costo promedio de adquisición	Tiempo de entrega promedio	Riesgos identificados	Recomendaciones
Controlador Lógico Programable (PLC)	Schneider Electric	2.500€	2 semanas	El proveedor es una empresa multinacional, lo que puede dificultar la negociación de precios y condiciones. El proveedor no tiene una presencia física en Uruguay, lo que puede dificultar la resolución de problemas de garantía o servicio.	Es importante negociar un contrato de compraventa que incluya garantías y condiciones de servicio claras. Es recomendable realizar una visita al proveedor para conocer sus instalaciones y procesos de producción.
Controlador Lógico Programable (PLC)	Omron	2.300€	3 semanas	El proveedor es una empresa japonesa, lo que puede dificultar la comunicación y la resolución de problemas.	Es importante contar con un buen traductor para comunicarse con el proveedor. Es recomendable realizar una visita al proveedor para conocer sus instalaciones y procesos de producción.
Controlador Lógico Programable (PLC)	Siemens	2.600€	2 semanas	El proveedor es una empresa alemana, lo que puede dificultar la comunicación y la resolución de problemas.	Es importante contar con un buen traductor para comunicarse con el proveedor. Es recomendable realizar una visita al proveedor para conocer sus instalaciones y procesos de producción.
Controlador Lógico Programable (PLC)	Rockwell Automation	2.400€	4 semanas	El proveedor es una empresa estadounidense, lo que puede dificultar la comunicación y la resolución de problemas.	Es importante contar con un buen traductor para comunicarse con el proveedor. Es recomendable realizar una visita al proveedor para conocer sus instalaciones y procesos de producción.
Controlador Lógico Programable (PLC)	Beckhoff Automation	2.700€	2 semanas	El proveedor es una empresa alemana, lo que puede dificultar la comunicación y la resolución de problemas.	Es importante contar con un buen traductor para comunicarse con el proveedor. Es recomendable realizar una visita al proveedor para conocer sus instalaciones y procesos de producción.

Bard:
Proveedores adicionales
(Tabla que se descarga)

Producto	Proveedor evaluado	Costo promedio de adquisición	Tiempo de entrega promedio	Riesgos identificados	Recomendaciones
Controlador Lógico Programable (PLC)	Schneider Electric	2.500€	2 semanas	El proveedor es una empresa multinacional, lo que puede dificultar la negociación de precios y condiciones. El proveedor no tiene una presencia física en Uruguay, lo que puede dificultar la resolución de problemas de garantía o servicio.	Es importante negociar un contrato de compraventa que incluya garantías y condiciones de servicio claras. Es recomendable realizar una visita al proveedor para conocer sus instalaciones y procesos de producción.
Controlador Lógico Programable (PLC)	Omron	2.300€	3 semanas	El proveedor es una empresa japonesa, lo que puede dificultar la comunicación y la resolución de problemas.	Es importante contar con un buen traductor para comunicarse con el proveedor. Es recomendable realizar una visita al proveedor para conocer sus instalaciones y procesos de producción.
Controlador Lógico Programable (PLC)	Siemens	2.600€	2 semanas	El proveedor es una empresa alemana, lo que puede dificultar la comunicación y la resolución de problemas.	Es importante contar con un buen traductor para comunicarse con el proveedor. Es recomendable realizar una visita al proveedor para conocer sus instalaciones y procesos de producción.
Controlador Lógico Programable (PLC)	Rockwell Automation	2.400€	4 semanas	El proveedor es una empresa estadounidense, lo que puede dificultar la comunicación y la resolución de problemas.	Es importante contar con un buen traductor para comunicarse con el proveedor. Es recomendable realizar una visita al proveedor para conocer sus instalaciones y procesos de producción.
Controlador Lógico Programable (PLC)	Beckhoff Automation	2.700€	2 semanas	El proveedor es una empresa alemana, lo que puede dificultar la comunicación y la resolución de problemas.	Es importante contar con un buen traductor para comunicarse con el proveedor. Es recomendable realizar una visita al proveedor para conocer sus instalaciones y procesos de producción.

Fin del caso práctico Gemini/Bard

Ejemplos de Uso:
- *Ejemplo 1: Gestión de Proveedores*
    - Plantilla: "INFORMACIÓN DEL PROVEEDOR:"
    - Tareas: Obtener detalles sobre un proveedor específico.
    - Instrucciones: "Complete la información del proveedor, incluyendo su nombre, dirección, historial de entregas y calificaciones."
- *Ejemplo 2: Control de Inventarios*
    - Plantilla: "DETALLES DEL PRODUCTO:"
    - Tareas: Obtener información detallada sobre un producto en el inventario.
    - Instrucciones: "Proporcione los detalles del producto, incluyendo nombre, número de serie, fecha de fabricación y ubicación actual en el almacén."
- *Ejemplo 3: Seguimiento de Contratos*
    - Plantilla: "DETALLES DEL CONTRATO:"
    - Tareas: Realizar un seguimiento de los términos y condiciones de un contrato con un proveedor.
    - Instrucciones: "Proporcione información sobre el contrato, incluyendo fechas clave, obligaciones de ambas partes y plazos de entrega acordados."

Ejemplo

Usuario (Responsable de Compras): *Usuario*: Hola ChatGPT, necesito obtener información sobre un nuevo proveedor potencial para nuestra empresa. ¿Puedes ayudarme a crear una plantilla para recopilar los detalles clave de este proveedor?
ChatGPT: *ChatGPT*: ¡Claro! Estoy aquí para ayudarte a crear una plantilla. ¿Podrías decirme qué información específica deseas obtener sobre este proveedor?
Usuario (Responsable de Compras): *Usuario*: Por supuesto, necesito los siguientes detalles: nombre del proveedor, dirección, número de contacto, historial de entregas y calificaciones.
ChatGPT: *ChatGPT*: Perfecto. Crearé una plantilla que contenga estos campos. ¿Te gustaría que algunos de estos campos estén en un formato especial, como negritas o cursivas?
Usuario (Responsable de Compras): *Usuario*: Sí, por favor, haz que el nombre del proveedor esté en negrita.
ChatGPT: *ChatGPT*: Entendido. Aquí tienes tu plantilla:
Nombre del Proveedor: [Nombre del Proveedor] Dirección: [Dirección del Proveedor] Número de Contacto: [Número de Contacto] Historial de Entregas: [Historial de Entregas] Calificaciones: [Calificaciones]
¿Hay algo más que desees agregar o modificar en esta plantilla?
Usuario (Responsable de Compras): *Usuario*: La plantilla parece estar lista. Ahora, ¿puedes ayudarme a llenar esta plantilla con información sobre un proveedor específico que tengo en mente?
ChatGPT: *ChatGPT*: Por supuesto, pero necesito que primero me proporciones los detalles específicos del proveedor. Por favor, ingresa el nombre del proveedor y los otros detalles que tengas.
Usuario (Responsable de Compras): *Usuario*: Claro, el nombre del proveedor es "ABC Supplies". La dirección es "123 Main Street, Ciudad ABC". El número de contacto es "555-123-4567". El historial de entregas incluye entregas puntuales y de alta calidad en los últimos dos años. Las calificaciones son excelentes, con una puntuación promedio de 9.5 sobre 10.
ChatGPT: *ChatGPT*: Gracias por proporcionar esos detalles. Ahora llenaré la plantilla con esta información:

Nombre del Proveedor: ABC Supplies Dirección: 123 Main Street, Ciudad ABC Número de Contacto: 555-123-4567 Historial de Entregas: Entregas puntuales y de alta calidad en los últimos dos años. Calificaciones: Excelentes, con una puntuación promedio de 9.5 sobre 10.

Aquí tienes la información recopilada en la plantilla. ¿Hay algo más en lo que puedo ayudarte?

Usuario (Responsable de Compras): *Usuario*: ¡Eso es perfecto! Ahora puedo utilizar esta plantilla para recopilar información sobre otros proveedores potenciales de manera eficiente. Gracias, ChatGPT.

ChatGPT: *ChatGPT*: De nada, siempre estoy aquí para ayudarte a aumentar la eficiencia en tu trabajo. Si tienes más preguntas o necesitas asistencia en el futuro, no dudes en preguntar. ¡Buena suerte con tu búsqueda de proveedores!

Otro Ejemplo:

Usuario (Responsable de Compras): Hola ChatGPT, necesito generar una serie de preguntas sobre proveedores potenciales para una evaluación más detallada. ¿Puedes ayudarme a crear una plantilla para esto?

ChatGPT: Claro, estaré encantado de ayudarte con eso. Por favor, proporciona un formato de plantilla que te gustaría usar para tus preguntas. Recuerda utilizar mayúsculas para los marcadores de posición que desees que llene.

Usuario (Responsable de Compras): Por supuesto, aquí tienes mi plantilla:

- **Proveedor**: [Nombre del Proveedor]
- **Experiencia**: [Experiencia del Proveedor]
- **Calidad del Producto**: [Calidad del Producto]
- **Precios**: [Política de Precios]
- **Tiempo de Entrega**: [Tiempo de Entrega]

Quiero que las preguntas se vean así:
1. ¿Cuál es la experiencia de [Nombre del Proveedor] en la industria?
2. ¿Cómo calificaría la calidad de los productos proporcionados por [Nombre del Proveedor]?
3. ¿Cuál es la política de precios de [Nombre del Proveedor]?
4. ¿Cuánto tiempo suele tomar [Nombre del Proveedor] para entregar los productos?

ChatGPT: ¡Entiendo! Ahora, usaré esta plantilla para generar las preguntas solicitadas. Un momento, por favor.

- ¿Cuál es la experiencia de [Nombre del Proveedor] en la industria?
- ¿Cómo calificaría la calidad de los productos proporcionados por [Nombre del Proveedor]?
- ¿Cuál es la política de precios de [Nombre del Proveedor]?
- ¿Cuánto tiempo suele tomar [Nombre del Proveedor] para entregar los productos?

Usuario (Responsable de Compras): ¡Perfecto! Esto es exactamente lo que necesitaba. ¡Gracias por tu ayuda!
ChatGPT: De nada, siempre estoy aquí para ayudarte. Si tienes alguna otra pregunta o necesitas más asistencia, no dudes en preguntar. ¡Buena suerte con tu evaluación de proveedores!

Usuario (Responsable de Compras): ¡Perfecto! Esto es exactamente lo que necesitaba. ¡Gracias por tu ayuda!
ChatGPT: De nada, siempre estoy aquí para ayudarte. Si tienes alguna otra pregunta o necesitas más asistencia, no dudes en preguntar. ¡Buena suerte con tu evaluación de proveedores!

Usuario (Responsable de Compras): Gracias, ChatGPT. Antes de que termine, ¿puedes proporcionarme información adicional sobre el proveedor "XYZ Ltd."? Quiero completar la plantilla con datos sobre ese proveedor en particular.

ChatGPT: Claro, puedo ayudarte con eso. Aquí tienes información sobre el proveedor "XYZ Ltd." que puede ser relevante para tu evaluación:

- **Proveedor**: XYZ Ltd.

- **Experiencia**: XYZ Ltd. ha estado en la industria durante más de 15 años y ha trabajado con varios clientes importantes.

- **Calidad del Producto**: Según comentarios de clientes anteriores, la calidad de los productos de XYZ Ltd. es consistentemente alta.

- **Precios**: XYZ Ltd. ofrece precios competitivos y está dispuesto a negociar descuentos para pedidos a granel.

- **Tiempo de Entrega**: El tiempo de entrega promedio de XYZ Ltd. es de aproximadamente 7 días hábiles.

Espero que esta información te sea útil para completar tu evaluación. Si tienes alguna otra pregunta o necesitas más detalles, no dudes en preguntar.

Usuario (Responsable de Compras): ¡Excelente! Esto me da una base sólida para mi evaluación. ¡Gracias por proporcionar estos detalles tan útiles, ChatGPT!

ChatGPT: De nada, siempre estoy aquí para ayudarte. Si en el futuro necesitas más información o asistencia en compras y abastecimiento, no dudes en contactarme. ¡Buena suerte con tu evaluación y tu trabajo en compras!

Otro ejemplo

Usuario (Responsable de Compras): Hola, ChatGPT. Estoy buscando válvulas sin actuador para nuestra planta industrial de gas. Necesito información sobre los proveedores y las opciones disponibles en el mercado.

ChatGPT: Por supuesto, puedo ayudarte con eso. Para comenzar, ¿podrías proporcionarme más detalles sobre tus requisitos específicos para las válvulas? Esto incluiría cosas como el tamaño, el tipo de válvula, el material deseado y cualquier otra especificación relevante.

Usuario (Responsable de Compras): Claro, necesitamos válvulas de compuerta de acero inoxidable de 2 pulgadas de diámetro. También deben ser resistentes a altas presiones y temperaturas.

ChatGPT: Entendido. Ahora, ¿tienes alguna preferencia en cuanto a la marca o el país de origen de los proveedores?

Usuario (Responsable de Compras): No tenemos preferencias específicas en cuanto a la marca, pero preferimos proveedores que ofrezcan productos de alta calidad a precios competitivos. El país de origen no es un factor determinante para nosotros.

ChatGPT: Gracias por la información. A continuación, te proporcionaré una lista de proveedores que ofrecen válvulas de compuerta de acero inoxidable de 2 pulgadas, resistentes a altas presiones y temperaturas. También incluiré detalles sobre la calidad y los precios cuando estén disponibles:

1. **Proveedor A**

    - Material: Acero inoxidable
    - Tamaño: 2 pulgadas
    - Calidad: Alta calidad según reseñas de clientes anteriores
    - Precio: Competitivo

2. **Proveedor B**

    - Material: Acero inoxidable

- Tamaño: 2 pulgadas
- Calidad: Certificada para altas presiones y temperaturas
- Precio: Solicitar cotización

3. **Proveedor C**
   - Material: Acero inoxidable
   - Tamaño: 2 pulgadas
   - Calidad: Cumple con estándares industriales
   - Precio: Disponible bajo pedido

Espero que esta información te ayude en tu búsqueda de válvulas para la planta industrial de gas. Si deseas más detalles sobre alguno de estos proveedores o si tienes alguna otra pregunta, no dudes en preguntar.

Usuario (Responsable de Compras): ¡Gracias, ChatGPT! Esta información es muy útil para nuestra evaluación de proveedores. Estoy seguro de que nos ayudará a tomar una decisión informada

Usuario (Responsable de Compras): Hola, ChatGPT. Estoy buscando válvulas sin actuador para nuestra planta industrial de gas. Necesito información sobre los proveedores y las opciones disponibles en el mercado.

ChatGPT: Perfecto, puedo ayudarte con eso. A continuación, te proporcionaré una lista de proveedores y opciones de válvulas sin actuador que se ajusten a tus necesidades. Para empezar, ¿podrías proporcionarme más detalles sobre tus requisitos específicos para las válvulas? Esto incluiría cosas como el tamaño, el tipo de válvula, el material deseado y cualquier otra especificación relevante.

Usuario (Responsable de Compras): Claro, necesitamos válvulas de compuerta de acero inoxidable de 2 pulgadas de diámetro. También deben ser resistentes a altas presiones y temperaturas.

ChatGPT: Entendido. Ahora, ¿tienes alguna preferencia en cuanto a la marca o el país de origen de los proveedores?

Usuario (Responsable de Compras): No tenemos preferencias específicas en cuanto a la marca, pero preferimos proveedores que ofrezcan productos de alta calidad a precios competitivos. El país de origen no es un factor determinante para nosotros.

ChatGPT: Gracias por la información. Ahora usaré el patrón de plantilla para proporcionarte detalles sobre proveedores y productos que cumplan con tus criterios.

Plantilla de Salida:
- **Proveedor:** [Proveedor]
- **Producto:** Válvulas de compuerta de acero inoxidable de 2 pulgadas
- **Especificaciones:** Resistentes a altas presiones y temperaturas
- **Calidad:** [Calidad]
- **Precio:** [Precio]

A continuación, se presentan algunas opciones de proveedores y productos que podrían interesarte:
1. **Proveedor A**
    - **Calidad:** Alta calidad según reseñas de clientes anteriores

- **Precio:** Competitivo

2. **Proveedor B**
    - **Calidad:** Certificada para altas presiones y temperaturas
    - **Precio:** Solicitar cotización

3. **Proveedor C**
    - **Calidad:** Cumple con estándares industriales
    - **Precio:** Disponible bajo pedido

Espero que esta información te ayude en tu búsqueda de válvulas para la planta industrial de gas. Esta plantilla te permite comparar fácilmente las opciones de proveedores y productos en función de la calidad y el precio. Si deseas más detalles sobre alguno de estos proveedores o si tienes alguna otra pregunta, no dudes en preguntar.

Usuario (Responsable de Compras): ¡Gracias, ChatGPT! Esta plantilla facilita mucho la comparación de opciones. Estoy seguro de que nos ayudará a tomar una decisión informada.

Patrón de Creación del Metalenguaje

Este patrón implica definir un lenguaje específico para comunicarnos con ChatGPT. Es esencial que las instrucciones sean claras y precisas para obtener los resultados deseados. Aquí hay algunos pasos para aplicar este patrón:

> Para utilizar este patrón, tu mensaje debe hacer las siguientes afirmaciones contextuales fundamentales:
> - Cuando digo X, quiero decir Y (o me gustaría que hiciera Y)

> Tendrá que sustituir "X" por una afirmación, símbolo, palabra, etc. adecuados. A continuación, tendrá que mayo esto a un significado, Y.

Veamos un ejemplo del patrón de metalenguaje utilizando ChatGpt :

You
Ahora vamos a crear una aplicación para planificar los viajes en las vacaciones describiré mi viaje y tu enumeraras un listado de cosas, lugares, interesantes para visitar por los lugares que pasare en mis vacaciones, te diré cuantos días me quedare en cada lugar y tu enumeraras los posibles lugares, paseos a visitar.

Describiré mi viaje y utilizare esta notación taquigráfica.

Cuando digo "Barcelona,2 ->Aviñón,1 ->Niza,2", yo quiero decir que estaré 2 días en Barcelona, luego estaré 1 día en Aviñón y estaré 2 días en Niza.

ChatGPT
ChatGPT

¡Entendido! A continuación, te proporcionaré una lista de cosas interesantes para hacer en cada lugar de tu viaje:

Barcelona (2 días):
- Visita la Sagrada Familia.
- Explora el Barrio Gótico.
- Disfruta de la playa de Barceloneta.
- Recorre el Parque Güell.

Aviñón (1 día):
- Visita el Palacio de los Papas.
- Explora el Puente de Aviñón (Pont Saint-Bénézet).
- Pasea por el Jardín des Doms.

Niza (2 días):
- Recorre el Paseo de los Ingleses.
- Visita el casco antiguo de Niza (Vieille Ville).
- Descubre el Museo de Arte Moderno y Contemporáneo (MAMAC).

Disfruta de las hermosas playas de Niza.

Espero que esta lista te sea útil. ¿Hay algo más específico que te gustaría incluir en tu itinerario?

You

"Barcelona,2 -> Madrid,1 -> Marcella,2"

ChatGPT
ChatGPT

¡Entendido! Aquí tienes algunas sugerencias para tu viaje:

Barcelona (2 días):
- Explora la arquitectura única de la Casa Batlló.
- Visita el Mercado de La Boquería para degustar productos locales.

Disfruta de una tarde en el Parc de la Ciutadella.
Madrid (1 día):
- Visita el Museo del Prado para apreciar obras maestras artísticas.
- Da un paseo por el Parque del Retiro.
- Descubre la Plaza Mayor y sus alrededores.

Marbella (2 días):
o Relájate en las hermosas playas de Marbella.
o Explora el Casco Antiguo (Casco Urbano) lleno de encanto.
o Disfruta de la gastronomía local en alguno de los restaurantes junto al mar.

- Espero que disfrutes de tu viaje. ¿Hay algo más en lo que pueda ayudarte?

Fin

Fin del ejemplo

Como ven en el segundo Prompt, basta solo ingresar la indicación y ya deduce que es lo que significa y se necesita.

Veamos otra manera de ingresar un Metalenguaje

M

You

Deseo planificar un viaje de Madrid a Niza en 5 días, incluyendo lugares y sugerencias de actividades y lugares para visitar en el transcurso del viaje.

Palabras clave:

día: El número del día del viaje

lugar: El nombre del lugar a visitar

actividad: La actividad sugerida para realizar en el lugar

sugerencia: Una sugerencia adicional para el viaje

Operadores: =: Asignar un valor a una variable :: Separar las palabras clave y los operadores ->: Indicar el siguiente día

Ejemplo de sintaxis: Día 1: Lugar = Madrid: Actividad = Llegada: Sugerencia = Visitar la Puerta del Sol -> Día 2

ChatGPT

ChatGPT

Día 1: Lugar = Madrid: Actividad = Llegada: Sugerencia = Visitar la Puerta del Sol ->

Día 2: Lugar = Madrid: Actividad = Explorar la Plaza Mayor: Sugerencia = Probar tapas en la calle Cava Baja ->

Día 3: Lugar = Barcelona: Actividad = Visitar la Sagrada Familia: Sugerencia = Disfrutar de la arquitectura modernista ->

Día 4: Lugar = Aviñón: Actividad = Recorrer el Palacio de los Papas: Sugerencia = Pasear por el Puente Saint-Bénézet ->

Día 5: Lugar = Niza: Actividad = Relajarse en la Promenade des Anglais: Sugerencia = Visitar el casco antiguo de Niza (Vieux Nice) ->

Este es un ejemplo simple para los primeros cinco días de tu viaje de Madrid a Niza. Puedes continuar agregando más días y detalles según tus preferencias. ¿Hay algo más en lo que pueda ayudarte?

Fin de los ejemplos

Patrón de Recetas

El patrón de receta es un patrón de ingeniería de prompt que se utiliza para ayudar a los modelos de lenguaje grandes a completar una tarea que no conocen completamente.

El patrón funciona proporcionando al modelo de lenguaje un objetivo que se quiere alcanzar, así como las piezas que se sabe que deben formar parte de la solución.

El modelo de lenguaje utiliza estas piezas para generar una receta, que es un plan detallado para completar la tarea.

El modelo de lenguaje luego completa la receta rellenando los huecos que no conoce.

Sigue estos pasos en primer lugar:

1. **Define una estructura base para tu prompt**: Esta estructura será el esqueleto de tu prompt y contendrá los elementos invariantes que se mantendrán constantes en todas las iteraciones del modelo. Puedes incluir información como instrucciones generales, formatos específicos, etiquetas o cualquier otro elemento fijo que sea necesario en tu prompt.

2. **Identifica los elementos variables:** Identifica los elementos específicos que pueden cambiar en cada iteración del modelo. Estos elementos pueden incluir preguntas, instrucciones adicionales, palabras clave o cualquier otro detalle que deba ser personalizado en cada ejecución del modelo.

3. **Crea una plantilla de prompt:** Utiliza la estructura base definida en el paso 1 y rellena los elementos variables con marcadores o espacios reservados. Estos marcadores indicarán los puntos donde se deben insertar los elementos específicos en cada iteración del modelo.

4. **Personaliza la plantilla para cada caso de uso**: En cada iteración del modelo, reemplaza los marcadores o espacios reservados en la plantilla con los elementos variables específicos para ese caso de uso en particular. Esto permitirá que el modelo genere respuestas personalizadas y relevantes según los requerimientos de cada situación.

5. **Evalúa y ajusta el rendimiento del modelo**: Una vez que hayas creado y ejecutado varias iteraciones del modelo utilizando la estructura base y las plantillas personalizadas, evalúa y ajusta el rendimiento del modelo. Observa cómo responde a diferentes elementos variables y realiza mejoras según sea necesario.

Aquí hay un ejemplo de cómo aplicar este patrón:

> Para utilizar este patrón, tu pregunta debe hacer las siguientes afirmaciones contextuales fundamentales:
> - Me gustaría conseguir X
> - Sé que necesito realizar los pasos A,B,C
> - Proporcióneme una secuencia completa de pasos
> - Rellene cualquier paso que falte
> - (Opcional) Identifique cualquier paso innecesario
>
> Tendrá que sustituir "X" por una tarea adecuada. A continuación, deberá especificar los pasos A, B, C que sabe que deben formar parte de la receta / plan completo.

Veamos un ejemplo del patrón de Recetas aplica cando Chatgpt 3.5

You
Vamos agregar una característica. Te diré mi destino inicial y y el destino final, necesito que tu me proporciones una lista completa de paradas sugeridas, incluido los lugares para detenerse entre mi inicio y destino.

ChatGPT
ChatGPT
Entendido, indícame tu destino inicial y destino final, y generaré una lista de paradas sugeridas, incluyendo lugares para detenerse entre ambos.

You
Barcelona,0->...->...->...->Niza,4

ChatGPT
ChatGPT
Entendido, aquí tienes una lista sugerida de paradas entre Barcelona y Niza:

Barcelona: Como punto de inicio, podrías explorar lugares icónicos como la Sagrada Familia, el Parque Güell y Las Ramblas.
Perpiñán: Esta ciudad francesa ofrece una hermosa arquitectura y una rica historia. Puedes visitar el Palacio de los Reyes de Mallorca y explorar el casco antiguo.
Montpellier: Con sus calles animadas y su ambiente estudiantil, Montpellier cuenta con la Place de la Comédie y el Jardín de las Plantas como atracciones destacadas.

Marsella: Una ciudad portuaria con una rica herencia cultural. Puedes visitar la Basílica de Notre-Dame de la Garde y el Viejo Puerto.

Niza: Tu destino final. Disfruta de las playas, explora el casco antiguo y visita el Museo de Arte Moderno y Contemporáneo.

Espero que estas paradas enriquezcan tu viaje de Barcelona a Niza. ¡Buen viaje!

You

Adaptemos este patrón a situaciones de nuestra área:

You

Te pido si puedes aplicar este patrón a esta situación de abastecimiento Me gustaría comprar una máquina BlisterMax 5000, con Velocidad de producción: Hasta 5000 blísteres por hora

Sé que necesito realizar los pasos ABC

Proporcióneme una secuencia completa de pasos.

 Rellene cualquier paso que falte.

(Opcional) identifique cualquier paso que falte

ChatGPT
ChatGPT
Claro, puedo ayudarte a aplicar el patrón de metalenguaje a la situación de abastecimiento de la máquina BlisterMax 5000. Aquí está una secuencia completa de pasos utilizando el patrón:

lessCopy code

Paso 1: Solicitud de Información

Día 1: Realizar búsqueda en proveedores confiables en línea.

- Lugar = Internet –

Actividad = Buscar proveedores de la máquina BlisterMax 5000 –

Sugerencia = Utilizar plataformas especializadas como ThomasNet o Alibaba ->

Día 2 Pasó 2: Evaluación de Proveedores

Día 2: Analizar proveedores y comparar ofertas. –

Lugar = Oficina –

Actividad = Revisar la reputación de los proveedores encontrados –

Sugerencia = Verificar reseñas, certificaciones y términos de venta ->

Día 3 Pasó 3: Cotización y Negociación

Día 3: Solicitar cotizaciones y negociar términos. –

Lugar = Oficina –

Actividad = Enviar solicitudes de cotización a proveedores seleccionados –

Sugerencia = Negociar plazos, precios y condiciones de entrega ->

Día 4 Paso 4: Confirmación y Pedido

Día 4: Confirmar proveedor y realizar pedido. –

Lugar = Oficina –

Actividad = Confirmar detalles con el proveedor seleccionado –

Sugerencia = Obtener confirmación por escrito de términos acordados ->

Día 5 Paso 5: Seguimiento y Recepción

Día 5: Realizar seguimiento del pedido y recibir la máquina. –
Lugar = Oficina –
Actividad = Seguimiento del estado del pedido y coordinar recepción –
Sugerencia = Verificar la condición del equipo al recibirlo -> Fin del Proceso

Esta secuencia de pasos aborda la compra de la máquina BlisterMax 5000 desde la búsqueda inicial hasta la recepción del equipo. Puedes ajustar y personalizar estos pasos según tus necesidades específicas. Si hay algo más en lo que pueda ayudarte o ajustar, házmelo saber.

You
Adaptemos esta situación a una compra en el exterior de la misma maquina la compra es FCA Neuchening Alemania y el destino es Uruguay por favor incluir en el caso todos los interesados en el proceso, área financiera, compras, departamento comercio exterior, operador logístico, aduana, despachante aduana en destino, transportista local, empresa, involucrar todas las actividades en una compra internacional,

ChatGPT

ChatGPT
Paso 1: Solicitud de Información *Día 1:* Realizar búsqueda en proveedores confiables en línea.

Lugar: Internet
Actividad: Buscar proveedores de la máquina BlisterMax 5000 en Alemania
Sugerencia: Utilizar plataformas especializadas como ThomasNet o Alibaba -> *Día 2*

Pasó 2: Evaluación de Proveedores *Día 2:* Analizar proveedores y comparar ofertas.

Lugar: Oficina
Actividad: Revisar la reputación de los proveedores alemanes encontrados
Sugerencia: Verificar reseñas, certificaciones y términos de venta -> *Día 3*

Pasó 3: Cotización y Negociación *Día 3:* Solicitar cotizaciones y negociar términos con el proveedor en Alemania.

Lugar: Oficina
Actividad: Enviar solicitudes de cotización a proveedores seleccionados en Alemania
Sugerencia: Negociar plazos, precios y condiciones de entrega -> *Día 4*

Pasó 4: Confirmación y Pedido Internacional *Día 4:* Confirmar proveedor y realizar el pedido internacional FCA Neuchening, Alemania.

Lugar: Oficina
Actividad: Confirmar detalles con el proveedor en Alemania y coordinar envío internacional
Sugerencia: Obtener confirmación por escrito de términos acordados y establecer condiciones de entrega FCA (Free Carrier) -> *Día 5*

Paso 5: Gestión Financiera *Día 5:* Coordinar pagos y documentación financiera para el comercio internacional.

Lugar: Área Financiera

Actividad: Preparar la documentación necesaria para realizar los pagos al proveedor en Alemania
Sugerencia: Verificar los términos de pago y asegurar el cumplimiento de las regulaciones financieras internacionales -> *Día 6*

Paso 6: Logística Internacional *Día 6:* Coordinar la logística internacional del envío desde Alemania a Uruguay.

Lugar: Departamento de Comercio Exterior y Operador Logístico
Actividad: Gestionar el transporte internacional, documentación aduanera y coordinar la entrega con el transportista internacional
Sugerencia: Utilizar un operador logístico especializado en transporte internacional -> *Día 7*

Pasó 7: Despacho Aduanero de Importación en Uruguay
Día 7: Iniciar el proceso de despacho aduanero en Uruguay.

Lugar: Aduana y Despachante de Aduana en Uruguay
Actividad: Preparar y presentar la documentación aduanera necesaria para la importación
Sugerencia: Coordinar con el despachante de aduana local para asegurar el cumplimiento de los requisitos aduaneros -> *Día 8*

Paso 8: Recepción y Descarga Local *Día 8:* Coordinar la recepción y descarga de la máquina en Uruguay.

Lugar: Área de Recepción y Transportista Local
Actividad: Verificar la condición de la carga al recibirla, coordinar la descarga y transporte local

Sugerencia: Inspeccionar la mercancía y notificar cualquier problema al proveedor internacional si es necesario -> *Fin del Proceso*

Este patrón de receta abarca todo el proceso desde la búsqueda inicial hasta la recepción de la máquina en Uruguay, involucrando a diferentes áreas y actores clave en el proceso de importación. Adaptado a una compra internacional, este enfoque asegura una gestión eficiente y coordinada de todas las actividades necesarias..

Patrón de enfoques alternativos

El patrón de "Enfoques Alternativos" es una forma poderosa de generar ideas y explorar diferentes soluciones para un problema o tarea con la ayuda de un modelo de lenguaje grande. Te permite generar una variedad de enfoques y evaluar sus pros y contras.

En el enfoque alternativo, se busca desafiar los patrones tradicionales de pensamiento y comportamiento para encontrar soluciones innovadoras y creativas. Aquí hay algunas ideas clave sobre este patrón:

1. **Cuestionamiento de las suposiciones:** En el enfoque alternativo, es importante cuestionar las suposiciones y creencias arraigadas. En lugar de aceptar las ideas convencionales, se anima a explorar nuevas perspectivas y considerar diferentes puntos de vista.

2. **Pensamiento lateral:** El pensamiento lateral es una técnica utilizada en el enfoque alternativo para abordar los problemas desde ángulos inusuales y encontrar soluciones no convencionales. Implica pensar de manera creativa, buscar conexiones inesperadas y explorar diferentes caminos para resolver un problema.

3. **Romper con la rutina:** El enfoque alternativo implica salir de la zona de confort y romper con la rutina establecida. Esto puede significar probar cosas nuevas, experimentar con diferentes métodos y explorar territorios desconocidos.

4. **Flexibilidad y adaptabilidad:** En el enfoque alternativo, es importante ser flexible y adaptable. Esto implica estar dispuesto a ajustar los planes y enfoques según sea

necesario, y estar abierto a nuevas ideas y oportunidades que puedan surgir.

5. **Innovación y originalidad:** El enfoque alternativo fomenta la búsqueda de ideas innovadoras y originales. Se alienta a pensar fuera de los límites establecidos y a explorar nuevas posibilidades sin restricciones

Para utilizar este patrón, tu pregunta debe hacer las siguientes afirmaciones contextuales fundamentales:

- Si hay formas alternativas de realizar una tarea X que le encomiendo, enumere los mejores enfoques alternativos
- (Opcional) compare/contraste los pros y los contras de cada enfoque
- (Optativo) incluya la forma original que le pedí
- (Opcional) pregúnteme qué enfoque me gustaría utilizar

Deberá sustituir la "X" por una tarea deseada

Paso 1: Define el Problema o Tarea Comienza por definir claramente el problema que deseas resolver o la tarea que deseas completar. Asegúrate de comprender el alcance y los objetivos.
Paso 2: Solicita Enfoques Alternativos Instruye al modelo de lenguaje grande para que proporcione enfoques alternativos para abordar el problema o completar la tarea. Puedes utilizar una solicitud como "Enumera enfoques alternativos para completar la tarea".

Paso 3: Genera Preguntas para Cada Enfoque Para cada enfoque alternativo generado en el Paso 2, solicita al modelo que cree una pregunta que corresponda a ese enfoque. Las preguntas deben guiar al modelo en la resolución del problema o la tarea utilizando el enfoque especificado.

Paso 4: Evalúa y Compara Examina las preguntas generadas para cada enfoque. Evalúalas en función de factores como efectividad, claridad y adecuación a tu situación específica. Compara los pros y contras de cada enfoque.

Paso 5: Selecciona el Mejor Enfoque Después de evaluar los enfoques alternativos y sus preguntas correspondientes, elige el que mejor se ajuste a tus objetivos y requisitos. Puede ser uno de los enfoques sugeridos o una combinación de ellos.

Paso 6: Refinamiento Adicional (Opcional) Si es necesario, puedes refinar el enfoque seleccionado o las preguntas para adaptarlos a tus necesidades únicas. Realiza ajustes o solicita mejoras si es necesario.

Paso 7: Implementación Implementa el enfoque elegido, ya sea utilizando las preguntas directamente con el modelo o adaptándolas para tu caso de uso específico.

Paso 8: Documentación Documenta el enfoque seleccionado y la justificación detrás de tu elección. Esta documentación puede ser útil como referencia y para futuras toma de decisiones.

Siguiendo este patrón, puedes aprovechar las capacidades de un modelo de lenguaje grande para generar ideas innovadoras, evaluarlas de manera efectiva y, en última instancia, tomar decisiones informadas

Veamos un ejemplo del patrón de enfoque alternativo aplicando Chatgpt 3.5

You

Necesito adquirir componentes para fabricar un nuevo producto, para un nuevo desarrollo. Aplicaremos el patrón de enfoque alternativo para ayudar en el proceso.
El problema consiste en encontrar los componentes necesarios para fabricar el nuevo producto de manera eficiente y rentable.
Si hay formas alternativas de realizar una tarea que te encomiendo, enumere los mejores enfoques alternativos
Compara/contrasta los pros y los contras de cada enfoque
Pregúnteme qué enfoque me gustaría utilizar

You

ChatGPT

ChatGPT

Enfoque Alternativo para Adquirir Componentes para un Nuevo Desarrollo:

1. Proveedores Locales:
- PROS:
  - Menores costos de envío.
  - Mayor facilidad para la comunicación y visitas in situ.
  - Posible apoyo a la economía local.
- CONTRAS:

- Limitación en la variedad de componentes disponibles.
- Dependencia de la capacidad de producción local.

2. **Importación de Componentes:**
   - PROS:
     - Acceso a una amplia variedad de proveedores internacionales.
     - Posibilidad de obtener componentes especializados.
     - Potencial para obtener mejores precios en volumen.
   - CONTRAS:
     - Costos de envío y posibles tarifas de importación.
     - Tiempos de entrega más largos.

3. **Desarrollo Interno de Componentes:**
   - PROS:
     - Control total sobre el proceso de fabricación.
     - Adaptación precisa a las necesidades del producto.
     - Potencial para futuras innovaciones internas.
   - CONTRAS:
     - Altos costos iniciales de desarrollo.
     - Posible falta de experiencia interna en ciertos componentes.
     - Tiempos de desarrollo más prolongados.

4. **Comparación y Contraste:**

COSTOS:

- Proveedores Locales: Menores costos de envío, pero pueden tener precios de producción más altos.
- Importación de Componentes: Mayor variedad, pero con costos de envío y posibles tarifas.
- Desarrollo Interno: Altos costos iniciales de desarrollo.

5. TIEMPO:
- Proveedores Locales: Tiempos de entrega más cortos.
- Importación de Componentes: Tiempos de entrega más largos.
- Desarrollo Interno: Tiempos de desarrollo prolongados.

6. CALIDAD:
- Proveedores Locales: Confiabilidad variable.
- Importación de Componentes: Variedad de opciones, pero la calidad puede variar.
- Desarrollo Interno: Control total sobre la calidad.

Pregunta de Elección: Dada la información proporcionada sobre los enfoques alternativos, ¿qué enfoque prefieres utilizar para adquirir los componentes necesarios? ¿Hay algún aspecto específico que te gustaría ajustar o considerar en base a tu visión estratégica para este proyecto de desarrollo?

Este enfoque alternativo te brinda la flexibilidad de elegir la mejor opción según tus objetivos y restricciones específicas. ¿Cómo te gustaría proceder?

M

You
Bien. podrías profundizar más en cada punto que preguntas , ir más a fondo

ChatGPT

ChatGPT

Enfoque Alternativo para Adquirir Componentes para un Nuevo Desarrollo:

1. **Proveedores Locales:**
   - PROS:
     - **Menores costos de envío:** Al seleccionar proveedores locales, se reducen los costos asociados al transporte internacional, lo que puede contribuir a un presupuesto más ajustado.
     - **Mayor facilidad para la comunicación y visitas in situ:** La proximidad facilita la comunicación directa y permite visitas regulares para verificar la calidad y el proceso de producción.
     - **Posible apoyo a la economía local:** Al optar por proveedores locales, puedes contribuir al crecimiento económico de la comunidad circundante.
   - CONTRAS:
     - **Limitación en la variedad de componentes disponibles:** Dependiendo de la ubicación, los proveedores locales pueden tener limitaciones en la variedad y especialización de los componentes que ofrecen.
     - **Dependencia de la capacidad de producción local:** La capacidad de producción local puede no ser suficiente para cumplir con grandes volúmenes de demanda.
2. **Importación de Componentes:**
   - PROS:

- **Acceso a una amplia variedad de proveedores internacionales:** Importar componentes brinda acceso a un mercado global, permitiendo seleccionar proveedores que se especialicen en los componentes deseados.
- **Posibilidad de obtener componentes especializados:** Puedes encontrar proveedores internacionales que se centren en la producción de componentes altamente especializados.
- **Potencial para obtener mejores precios en volumen:** Al realizar importaciones a gran escala, puedes negociar precios más favorables.

CONTRAS:
- **Costos de envío y posibles tarifas de importación:** Los costos asociados al transporte internacional y las tarifas de importación pueden afectar la rentabilidad del proyecto.
- **Tiempos de entrega más largos:** La distancia geográfica puede resultar en tiempos de entrega más extensos, lo que podría impactar los plazos del proyecto.

3. **Desarrollo Interno de Componentes:**
- PROS:
  - **Control total sobre el proceso de fabricación:** La fabricación interna brinda un control total desde el diseño hasta la producción, permitiendo ajustes según sea necesario.
  - **Adaptación precisa a las necesidades del producto:** Al desarrollar internamente, puedes adaptar los componentes de manera precisa a las especificaciones del nuevo producto.

- **Potencial para futuras innovaciones internas:** El desarrollo interno puede sentar las bases para futuras innovaciones y mejoras en la línea de productos.

CONTRAS:
- **Altos costos iniciales de desarrollo:** La inversión inicial en investigación y desarrollo puede ser significativa.
- **Posible falta de experiencia interna en ciertos componentes:** Si la empresa no tiene experiencia previa en la fabricación de ciertos componentes, puede llevar tiempo adquirir el conocimiento necesario.
- **Tiempos de desarrollo más prolongados:** La fabricación interna puede requerir más tiempo para el desarrollo y la implementación.

4. **Comparación y Contraste:**

COSTOS:
- **Proveedores Locales:** Menores costos de envío, pero posiblemente costos de producción más altos.
- **Importación de Componentes:** Mayor variedad, pero con costos de envío y posibles tarifas.
- **Desarrollo Interno:** Altos costos iniciales de desarrollo.

TIEMPO:
- **Proveedores Locales:** Tiempos de entrega más cortos.
- **Importación de Componentes:** Tiempos de entrega más largos.
- **Desarrollo Interno:** Tiempos de desarrollo prolongados.

CALIDAD:

- **Proveedores Locales:** Confiabilidad variable.
- **Importación de Componentes:** Variedad de opciones, pero calidad variable.
- **Desarrollo Interno:** Control total sobre la calidad.

Pregunta de Elección: Dada la información proporcionada sobre los enfoques alternativos, ¿qué enfoque prefieres utilizar para adquirir los componentes necesarios? ¿Hay algún aspecto específico que te gustaría ajustar o considerar en base a tu visión estratégica p

Veamos otro ejemplo adicional

You
Tengo problemas en la compra sin planificación, la burocracia excesiva para las aprobaciones

ChatGPT

ChatGPT
Enfoque Alternativo para Abordar Problemas de Abastecimiento en el Área de Compras:

Problema o Tarea: La empresa enfrenta diversos desafíos en el área de abastecimiento y compras, entre ellos, la compra sin planificación, la burocracia excesiva para las aprobaciones, la falta de datos históricos relevantes y la escasez de proveedores calificados.

Enfoques Alternativos:

1. **Implementación de Planificación Estratégica:**
   - *Pros:*
   - **Optimización de Compras:** Mayor eficiencia al planificar las compras de manera estratégica.
   - **Reducción de Costos:** Evitar compras no planificadas que pueden generar gastos innecesarios.
   - *Contras:*
   - **Tiempo de Implementación:** Requiere tiempo para establecer y ajustar procesos de planificación.

2. **Automatización de Aprobaciones:**
   - *Pros:*
   - **Reducción de Burocracia:** Agiliza el proceso de aprobación con flujos de trabajo automatizados.
   - **Mayor Eficiencia:** Acelera la toma de decisiones y la ejecución de compras.

   Contras:
   - **Costos Iniciales:** Implementar sistemas automatizados puede requerir una inversión inicial.

3. **Implementación de un Sistema de Gestión de Datos:**
   - *Pros:*
   - **Acceso a Datos Relevantes:** Facilita el análisis al contar con datos históricos disponibles.
   - **Mejora en la Toma de Decisiones:** Basada en información concreta y actualizada.

   Contras:
   - **Capacitación del Personal:** Requiere entrenamiento para utilizar eficientemente el nuevo sistema.

Comparación y Contraste:

Optimización de Compras:

- **Planificación Estratégica:** Enfoque proactivo para evitar compras sin planificación.
- **Automatización de Aprobaciones:** Acelera el proceso de toma de decisiones.

Reducción de Burocracia:

- **Automatización de Aprobaciones:** Enfoque específico para reducir burocracia.

Acceso a Datos Relevantes:

- **Sistema de Gestión de Datos:** Proporciona acceso a información histórica relevante.

Pregunta de Elección: Dada la información sobre los enfoques alternativos, ¿qué estrategia prefieres para abordar los desafíos específicos en el área de abastecimiento y compras? ¿Hay aspectos específicos que te gustaría ajustar o considerar en base a tus objetivos y necesidades particulares en la gestión de compras y abastecimiento?

You

Puedes profundizar cada punto más, lo hiciste muy superficial

ChatGPT

ChatGPT

Enfoque Alternativo para Abordar Problemas de Abastecimiento en el Área de Compras:

Problema o Tarea: La empresa enfrenta diversos desafíos en el área de abastecimiento y compras, entre ellos, la compra sin planificación, la burocracia excesiva para las aprobaciones, la falta de datos históricos relevantes y la escasez de proveedores calificados.

Enfoques Alternativos:

1. **Implementación de Planificación Estratégica:**
   - *Pros:*
     - **Optimización de Compras:** A través de un enfoque estratégico, se pueden anticipar las necesidades de abastecimiento, evitando compras impulsivas y maximizando la eficiencia en la gestión de inventario.
     - **Reducción de Costos a Largo Plazo:** La planificación estratégica permite negociaciones más efectivas con proveedores y la identificación de oportunidades para consolidar compras, lo que puede resultar en ahorros significativos.
   - *Contras:*
     - **Tiempo de Implementación:** El diseño e implementación de un plan estratégico requiere tiempo y recursos. Es crucial garantizar una transición suave y una adaptación efectiva de los equipos.
2. **Automatización de Aprobaciones:**
   - *Pros:*
     - **Reducción de Burocracia:** La automatización de flujos de trabajo agiliza la aprobación de compras, eliminando cuellos de botella burocráticos y acelerando los procesos de toma de decisiones.
     - **Visibilidad y Transparencia:** Proporciona visibilidad en tiempo real sobre el estado de las aprobaciones, mejorando la transparencia en la gestión de compras.
   - *Contras:*
     - **Costos Iniciales y Mantenimiento:** La implementación de sistemas automatizados conlleva costos iniciales y continuos de

mantenimiento. Es necesario evaluar el retorno de la inversión a largo plazo.
3. **Implementación de un Sistema de Gestión de Datos:**
- *Pros:*
  - **Acceso a Datos Reales y Relevantes:** Un sistema centralizado de gestión de datos proporciona acceso rápido y fácil a información histórica, permitiendo análisis más profundos y precisos.
  - **Mejora en la Toma de Decisiones:** Basada en datos actualizados, facilitando decisiones informadas y estratégicas.

Contras:
  - **Curva de Aprendizaje:** La implementación de nuevos sistemas puede requerir capacitación para el personal. La curva de aprendizaje debe ser gestionada para garantizar una adopción efectiva.

Comparación y Contraste:

Optimización de Compras:
- **Planificación Estratégica:** Se centra en la anticipación y planificación de compras para optimizar costos a largo plazo.
- **Automatización de Aprobaciones:** Agiliza procesos, permitiendo una toma de decisiones más rápida y eficiente.

Reducción de Burocracia:
- **Automatización de Aprobaciones:** Específicamente diseñado para reducir la burocracia en los procesos de aprobación.

Acceso a Datos Relevantes:

- **Sistema de Gestión de Datos:** Proporciona una base sólida para la toma de decisiones basada en datos concretos y relevantes.

Pregunta de Elección: Dada la información detallada sobre los enfoques alternativos, ¿cómo prefieres abordar los desafíos específicos en el área de abastecimiento y compras? ¿Hay aspectos específicos que te gustaría ajustar o considerar en base a tus objetivos y necesidades particulares en la gestión de compras y abastecimiento?

You

Profundiza en automatización de aprobaciones y sigue el mismo proceso de pensamiento alternativo

ChatGPT

ChatGPT

Enfoque Alternativo para Automatización de Aprobaciones en el Área de Abastecimiento:

Problema o Tarea: Uno de los desafíos identificados en el área de abastecimiento es la excesiva burocracia para las aprobaciones, lo que ralentiza los procesos de toma de decisiones y afecta la eficiencia en la gestión de compras.

Enfoques Alternativos:

1. **Implementación de Sistemas de Aprobación Automatizada:**
    Pros:
    - **Reducción de Tiempos de Aprobación:** La automatización permite que los flujos de trabajo sean rápidos y eficientes, reduciendo significativamente los tiempos de aprobación.

- **Seguimiento en Tiempo Real:** Proporciona visibilidad en tiempo real del estado de las aprobaciones, lo que mejora la transparencia y la capacidad de respuesta.

Contras:
- **Integración Tecnológica:** Requiere la integración efectiva con otros sistemas y plataformas utilizados en el proceso de abastecimiento.

2. **Uso de Herramientas de Inteligencia Artificial (IA) en Aprobaciones:**

Pros:
- **Toma de Decisiones Autónoma:** La IA puede analizar patrones históricos y tomar decisiones autónomas sobre aprobaciones basadas en criterios predefinidos.
- **Adaptabilidad:** La capacidad de aprendizaje de la IA permite ajustarse y mejorar continuamente según la retroalimentación y los cambios en los procesos.

Contras:
- **Necesidad de Entrenamiento Inicial:** La implementación de sistemas de IA requiere un período de entrenamiento para adaptarse a los patrones específicos de la empresa.

Comparación y Contraste:

Reducción de Tiempos de Aprobación:
- **Sistemas de Aprobación Automatizada:** Se centra en la eficiencia y velocidad de los procesos de aprobación.

- **Herramientas de IA en Aprobaciones:** Ofrece una mejora adicional al permitir toma de decisiones autónomas.

Seguimiento en Tiempo Real:
- **Sistemas de Aprobación Automatizada:** Proporciona visibilidad inmediata del estado de las aprobaciones.

Herramientas de IA en Aprobaciones: Incorpora seguimiento en tiempo real con la capacidad de adaptarse y mejorar con el tiempo.

Pregunta de Elección: Dada la información detallada sobre los enfoques alternativos para la automatización de aprobaciones, ¿tienes una preferencia específica? ¿Consideras que la velocidad inmediata o la capacidad de toma de decisiones autónoma serían más beneficiosas para abordar los desafíos específicos de tu área de abastecimiento? ¿Hay aspectos particulares que te gustaría ajustar o personalizar según las necesidades específicas de tu empresa?

You

Preséntame diferentes opciones de sistemas de aprobación automatizada y sigue el mismo patrón de enfoque alternativo siguiendo el mismo modelo de análisis

ChatGPT

ChatGPT

Enfoque Alternativo para Sistemas de Aprobación Automatizada:

Problema o Tarea: Dentro del área de abastecimiento, el desafío radica en la compra sin planificación, en la cual la excesiva burocracia para las aprobaciones afecta la agilidad del proceso.

Enfoques Alternativos:

1. **Implementación de Software de Gestión de Aprobaciones:**
   Pros:
   - **Configurabilidad:** Estos sistemas suelen ser configurables, permitiendo adaptar los flujos de trabajo según las necesidades específicas de la empresa.
   - **Registro de Historial:** Ofrece un registro histórico detallado de todas las aprobaciones, facilitando la auditoría y el análisis retrospectivo.

   Contras:
   - **Costo Inicial:** La implementación puede requerir una inversión inicial significativa.

2. **Plataformas de Aprobación Móvil:**
   - *Pros:*
     - **Acceso Remoto:** Permite la aprobación de solicitudes desde dispositivos móviles, mejorando la accesibilidad y reduciendo los tiempos de espera.
     - **Notificaciones en Tiempo Real:** Envía notificaciones instantáneas para mantener a los responsables informados sobre las solicitudes pendientes.

   Contras:
   - **Dependencia de Conectividad:** Puede verse afectado por problemas de conectividad móvil.

3. **Sistemas de Aprobación Basados en Blockchain:**
   Pros:
   - **Seguridad Mejorada:** La tecnología blockchain proporciona un registro inmutable y seguro de todas las transacciones y aprobaciones.

- **Transparencia:** Aporta un alto nivel de transparencia al proceso, crucial para auditorías y cumplimiento.

Contras:

- **Complejidad Tecnológica:** Requiere una comprensión técnica más profunda y puede resultar complejo de implementar.

Comparación y Contraste:

Configurabilidad:
- **Software de Gestión de Aprobaciones:** Se destaca por su capacidad de configuración según las necesidades específicas de la empresa.
- **Plataformas de Aprobación Móvil:** Ofrece configurabilidad, pero puede tener limitaciones en comparación con sistemas más robustos.
- **Sistemas de Aprobación Basados en Blockchain:** Puede requerir mayor configuración técnica, pero ofrece un alto nivel de personalización.

Acceso Remoto:
- **Software de Gestión de Aprobaciones:** Puede ofrecer acceso remoto, pero la experiencia puede variar.
- **Plataformas de Aprobación Móvil:** Se destaca por proporcionar acceso remoto sencillo y conveniente.
- **Sistemas de Aprobación Basados en Blockchain:** Puede ofrecer acceso remoto, pero con consideraciones técnicas adicionales.

Pregunta de Elección: Considerando las opciones presentadas para sistemas de aprobación automatizada, ¿alguna de estas alternativas resuena más con tus necesidades específicas en términos de configurabilidad, accesibilidad remota o seguridad? ¿Hay algún aspecto particular de tu proceso de aprobación que crees que podría beneficiarse más de una de estas soluciones?

Ahora te muestro algunos ejemplos sugeridos en los que se puede aplicar este patrón:

Enfoques Alternativos" para desarrollar estrategias de compras:

Paso 1: Definir el Problema o Tarea El gerente de compras debe comenzar por definir claramente el problema o la tarea que enfrenta. En este caso, el problema es desarrollar una estrategia efectiva de compras que optimice los costos y la calidad de los productos o servicios adquiridos.

Salida 1 de ChatGPT: Ayuda en la definición clara del problema y los objetivos clave que se desean lograr con la estrategia de compras.

Paso 2: Solicitar Enfoques Alternativos El gerente de compras debe pedir a ChatGPT que genere diferentes enfoques para desarrollar la estrategia de compras. Puede utilizar una solicitud como "Enumera enfoques alternativos para desarrollar una estrategia efectiva de compras".

Salida 2 de ChatGPT: Proporciona una lista de enfoques estratégicos diferentes, como estrategia basada en costos, estrategia de diversificación de proveedores, estrategia de colaboración con proveedores, entre otros.

Paso 3: Generar Planes de Acción Para cada enfoque estratégico sugerido, el gerente de compras puede solicitar a ChatGPT que elabore un plan de acción detallado. Esto incluiría pasos específicos que deben seguirse para implementar la estrategia.
Salida 3 de ChatGPT: Proporciona planes de acción detallados para cada enfoque, incluyendo pasos tácticos que deben llevarse a cabo.
Paso 4: Evaluar y Comparar El gerente de compras debe evaluar y comparar los enfoques y planes de acción proporcionados por ChatGPT. Esto incluye considerar factores como riesgos, costos, tiempos de implementación y resultados esperados.
Salida 4 de ChatGPT: Puede ayudar en la evaluación al proporcionar análisis de los pros y contras de cada enfoque, así como recomendaciones basadas en la evaluación.
Paso 5: Seleccionar la Estrategia Óptima Después de la evaluación, el gerente de compras puede seleccionar la estrategia de compras que mejor se adapte a las necesidades y objetivos de la organización.
Salida 5 de ChatGPT: Puede resumir los resultados de la evaluación y destacar cuál es la estrategia recomendada en función de los criterios establecidos.
Paso 6: Implementación y Seguimiento Una vez seleccionada la estrategia, el gerente de compras puede utilizar la información proporcionada por ChatGPT para implementarla y realizar un seguimiento de su ejecución.
Salida 6 de ChatGPT: Puede ofrecer sugerencias sobre cómo llevar a cabo la implementación de la estrategia y qué métricas de seguimiento pueden ser importantes.
Paso 7: Refinamiento Continuo El gerente de compras debe estar abierto a realizar ajustes y refinamientos a la estrategia a medida que se desarrolla y se obtienen resultados. Puede consultar a ChatGPT en cualquier momento para obtener ideas sobre cómo mejorar la estrategia.
Salida 7 de ChatGPT: Puede proporcionar recomendaciones de refinamiento basadas en cambios en el entorno comercial o en los resultados obtenidos.

Este enfoque permite al gerente de compras explorar diversas estrategias y planes tácticos de manera efectiva, maximizando así las posibilidades de tomar decisiones informadas y exitosas en el proceso de compra.

Ejemplo de cómo el gerente de compras podría utilizar el patrón **de "Enfoques Alternativos"** para desarrollar una estrategia de abastecimiento estratégico basada en la **matriz de segmentación de productos, te recomiendo seguir estos pasos:**

Paso 1: Definir el Problema o Tarea El gerente de compras comienza por definir claramente el problema: desarrollar una estrategia de abastecimiento estratégico basada en la matriz de segmentación de productos, que optimice los resultados de compras.

Salida 1 de ChatGPT: Ayuda en la definición precisa del problema y los objetivos clave que se desean lograr con la estrategia de abastecimiento.

Paso 2: Solicitar Enfoques Alternativos El gerente de compras pide a ChatGPT que genere diferentes enfoques para desarrollar la estrategia de abastecimiento estratégico basada en la matriz de segmentación de productos. Puede utilizar una solicitud como "Enumera enfoques alternativos para desarrollar una estrategia de abastecimiento estratégico utilizando la matriz de segmentación".

Salida 2 de ChatGPT: Proporciona una lista de enfoques estratégicos diferentes, como estrategia de enfoque en productos de alto valor, estrategia de diversificación de proveedores, estrategia de reducción de costos en productos de alto riesgo, entre otros.

Paso 3: Generar Planes de Acción Para cada enfoque estratégico sugerido, el gerente de compras puede solicitar a ChatGPT que elabore un plan de acción detallado. Esto incluiría pasos específicos que deben seguirse para implementar la estrategia en cada segmento de productos.

Salida 3 de ChatGPT: Proporciona planes de acción detallados para cada enfoque, incluyendo pasos tácticos específicos para cada segmento de productos.

Paso 4: Evaluar y Comparar El gerente de compras evalúa y compara los enfoques y planes de acción proporcionados por ChatGPT. Esto incluye considerar factores como riesgo, costo, volumen de compras y resultados esperados para cada segmento de productos.

Salida 4 de ChatGPT: Puede ayudar en la evaluación proporcionando análisis de los pros y contras de cada enfoque, así como recomendaciones basadas en la evaluación de la matriz de segmentación.

Paso 5: Seleccionar la Estrategia Óptima Después de la evaluación, el gerente de compras selecciona la estrategia de abastecimiento estratégico que mejor se adapte a las necesidades y objetivos de cada segmento de productos.

Salida 5 de ChatGPT: Puede resumir los resultados de la evaluación y destacar cuál es la estrategia recomendada para cada segmento de productos.

Paso 6: Implementación y Seguimiento El gerente de compras implementa la estrategia en cada segmento de productos y realiza un seguimiento de su ejecución. Puede utilizar las recomendaciones de ChatGPT para guiar la implementación.

Salida 6 de ChatGPT: Puede ofrecer sugerencias sobre cómo llevar a cabo la implementación de la estrategia en cada segmento y qué métricas de seguimiento pueden ser importantes.

Paso 7: Refinamiento Continuo El gerente de compras debe estar abierto a realizar ajustes y refinamientos a la estrategia a medida que se desarrolla y se obtienen resultados. Puede consultar a ChatGPT en cualquier momento para obtener ideas sobre cómo mejorar la estrategia en cada segmento.

Salida 7 de ChatGPT: Puede proporcionar recomendaciones de refinamiento basadas en cambios en el entorno comercial o en los resultados obtenidos para cada segmento de productos. Este enfoque permite al gerente de compras explorar diversas estrategias y planes tácticos para cada segmento de productos, maximizando así las posibilidades de tomar decisiones informadas y exitosas en el proceso de abastecimiento estratégico.

Tutorial, trabajando con la Matriz de Kraljic y abastecimiento estratégico

Tutorial sobre cómo el gerente de compras podría interactuar con ChatGPT para desarrollar una estrategia de abastecimiento estratégico basada en la matriz de segmentación de productos. Aquí tienes el proceso:

Paso 1: Definir el Problema y los Objetivos El gerente de compras debe comenzar definiendo claramente el problema y los objetivos de la estrategia de abastecimiento. Puede iniciar la conversación con ChatGPT de la siguiente manera:

Gerente de Compras (GC): Hola ChatGPT, necesito desarrollar una estrategia de abastecimiento estratégico para nuestra empresa. Tenemos una matriz de segmentación de productos que divide nuestros productos en cuatro segmentos basados en volumen de dinero y riesgo. ¿Puedes ayudarme a generar enfoques para cada segmento?

Paso 2: Solicitar Enfoques Alternativos GC: ¿Puedes proporcionarme diferentes enfoques estratégicos para abordar cada uno de los cuatro segmentos de productos en nuestra matriz de segmentación?

ChatGPT (CGPT): Por supuesto, aquí tienes algunos enfoques iniciales:

Para Segmento 1 (Productos de Alto Valor, Alto Riesgo):
1. Estrategia de Diversificación de Proveedores.

2. Negociación de Contratos a Largo Plazo.

Para Segmento 2 (Productos de Alto Valor, Bajo Riesgo):
1. Estrategia de Optimización de Costos.

2. Evaluación de Proveedores Alternativos.

Para Segmento 3 (Productos de Bajo Valor, Alto Riesgo):
1. Estrategia de Reducción de Riesgos.

2. Diversificación de Fuentes de Suministro.

Para Segmento 4 (Productos de Bajo Valor, Bajo Riesgo):
1. Estrategia de Compras Eficientes.

2. Enfoque en Automatización de Procesos.

¿Te gustaría obtener planes de acción detallados para alguno de estos enfoques?

Paso 3: Generar Planes de Acción GC: Sí, me gustaría obtener planes de acción detallados para los enfoques estratégicos del Segmento 1, por favor.

CGPT: Claro, aquí tienes un plan de acción detallado para el Segmento 1 (Productos de Alto Valor, Alto Riesgo):

Enfoque: Estrategia de Diversificación de Proveedores
1. Identificar proveedores alternativos para los productos clave.

2. Establecer criterios de selección de proveedores.

3. Negociar acuerdos con nuevos proveedores para reducir el riesgo de dependencia.

Enfoque: Negociación de Contratos a Largo Plazo
1. Identificar productos con demanda estable.

2. Negociar contratos a largo plazo con proveedores para garantizar precios estables.

3. Evaluar cláusulas de flexibilidad en los contratos.

¿Necesitas más detalles o planes de acción para otros segmentos?

Paso 4: Evaluar y Comparar GC: Excelente, estos planes de acción son útiles. Ahora, ¿puedes proporcionarme análisis sobre los pros y contras de estos enfoques y cuál podría ser el más efectivo para nuestro Segmento 1?

CGPT: Por supuesto, aquí tienes un análisis de los enfoques del Segmento 1:

Estrategia de Diversificación de Proveedores

- **Ventajas:** Reduce el riesgo de depender de un solo proveedor. Aumenta la flexibilidad en caso de problemas con un proveedor.
- **Desventajas:** Puede requerir tiempo y recursos para identificar y negociar con nuevos proveedores.

Negociación de Contratos a Largo Plazo

- **Ventajas:** Estabiliza los precios a largo plazo. Puede garantizar el suministro constante.
- **Desventajas:** Menos flexibilidad en situaciones cambiantes.

Basado en estos análisis, la estrategia de "Diversificación de Proveedores" podría ser más efectiva para reducir riesgos en el Segmento 1.

Paso 5: Seleccionar la Estrategia Óptima GC: Gracias por el análisis. Vamos a seleccionar la estrategia de "Diversificación de Proveedores" para el Segmento 1. ¿Puedes ayudarme a desarrollar un plan detallado para implementar esta estrategia?

CGPT: Por supuesto, aquí tienes un plan detallado para la implementación de la estrategia de "Diversificación de Proveedores" en el Segmento 1...

El gerente de compras puede continuar interactuando con ChatGPT para obtener planes de acción, análisis y recomendaciones para otros segmentos de productos y llevar a cabo la implementación de su estrategia de abastecimiento estratégico

Combinación de patrones

Aquí tienes un enfoque que incorpora varios patrones:
Paso 1: Establecer el contexto y objetivos El gerente de compras comienza por definir claramente el proyecto y sus objetivos utilizando el patrón "Formato de patrón de enfoque":
Gerente de Compras: Saludos, ChatGPT. Estoy a cargo del proyecto de construcción de un frigorífico y necesito desarrollar una estrategia integral para la adquisición de suministros y la gestión de compras. ¿Puedes guiarme en este proceso?
ChatGPT: Por supuesto, estaré encantado de ayudarte. Por favor, proporciona más detalles sobre el proyecto y tus requisitos específicos.
Paso 2: Evaluar fuentes de abastecimiento Para evaluar las fuentes de abastecimiento, el gerente de compras utiliza el patrón "Pedir patrón de enfoques alternativos":
Gerente de Compras: Necesito evaluar nuestras fuentes de abastecimiento tanto a nivel local como global. ¿Puedes proporcionar diferentes enfoques para llevar a cabo esta evaluación?
ChatGPT: Claro, aquí tienes diferentes enfoques para evaluar tus fuentes de abastecimiento:
[Generación de enfoques para evaluar fuentes de abastecimiento...]
Paso 3: Desarrollar procedimientos de compras Para desarrollar procedimientos de compras, el gerente de compras utiliza el patrón "Formato de patrón receta":
Gerente de Compras: Ahora, necesito establecer procedimientos de compras sólidos para garantizar la eficiencia y la calidad. ¿Puedes proporcionar una receta detallada para crear estos procedimientos?
ChatGPT: Por supuesto, aquí tienes una receta detallada para desarrollar procedimientos de compras:
[Generación de una receta para procedimientos de compras...]

Paso 4: Evaluación de proveedores Para la evaluación de proveedores, el gerente de compras utiliza el patrón "Pedir patrón de entrada":
Gerente de Compras: Es crucial seleccionar proveedores confiables. ¿Qué información clave deberíamos recopilar al evaluar a nuestros proveedores?
ChatGPT: Aquí tienes un patrón de entrada para ayudarte a recopilar información clave al evaluar proveedores:
[Generación del patrón de entrada para evaluar proveedores...]
Paso 5: Contratación de personal de compras Para la contratación de personal de compras, el gerente de compras utiliza el patrón "Pedir plantilla":
Gerente de Compras: Necesito contratar a un equipo de compras competente. ¿Puedes proporcionarme una plantilla para la descripción del trabajo y las habilidades necesarias?
ChatGPT: Por supuesto, aquí tienes una plantilla para la descripción del trabajo y las habilidades necesarias del personal de compras:
[Generación de una plantilla para descripción del trabajo...]
Pasó 6: Controlar importaciones y costos de fletes Para controlar las importaciones y los costos de fletes, el gerente de compras utiliza el patrón "Pedir patrón de metalenguaje":
Gerente de Compras: También necesito establecer un sistema para el control de importaciones y los costos de fletes. ¿Puedes proporcionarme una guía utilizando un lenguaje técnico?
ChatGPT: Claro, aquí tienes una guía técnica para el control de importaciones y costos de fletes:
[Generación de una guía técnica...].

Esquema Patrón de Expansión

Este patrón es especialmente útil cuando se enfrenta una limitación en cuanto al tamaño de entrada y salida que se puede manejar con modelos de lenguaje como ChatGPT.
Siempre habrá límites en cuanto a la cantidad de información que pueden procesar en un momento dado.
Una buena estrategia es trabajar en partes más pequeñas siguiendo una estructura/esquema general. Esto facilita la generación y ensamblaje de piezas separadas.
Los esquemas en formato de viñetas/puntos numerados son útiles para dar contexto y mantener la coherencia al ampliar detalles.
Es importante pensar en cómo las piezas generadas son interdependientes y asegurarse de proveer el contexto necesario para cada una.

Como hacerlo un primer ejemplo: Actúa como expansor de esquemas. Genera un esquema de viñetas basado en la información que yo le dé y luego pregúnteme qué viñeta debe ampliar. Cada viñeta puede tener como máximo de 3 a 5 subviñetas. Las viñetas deben numerarse siguiendo el patrón [A-Z].[i-v].[* hasta ****]. Cree un nuevo esquema para la viñeta que yo seleccione. Al final, pregúnteme qué viñeta ampliar a continuación. Pregúnteme por lo que debe esquematizar.

Veamos un ejemplo general para ver de qué se trata:

Vamos a aplicar este método de expansión de esquemas para generar un manual sobre el proceso de abastecimiento para una pequeña empresa:
  1. Generar el esquema macro con los puntos principales:
  2. Planificación de la demanda
  3. Identificación de proveedores

4. Negociación de pedidos
5. Recepción y almacenamiento
6. Distribución a clientes
7. Decidimos ampliar el punto 2 "Identificación de proveedores".

Dentro de este, generamos los siguientes sub-puntos:
2.1 Definición de requerimientos
2.2 Búsqueda de opciones
2.3 Evaluación de proveedores
3. Luego ampliamos 2.3 con los criterios de evaluación:

2.3.1 Calidad de productos
2.3.2 Plazos de entrega
2.3.3 Certificaciones
2.3.4 Costos
4. Detallamos 2.3.1:

2.3.1.1 Revisión de especificaciones técnicas
2.3.1.2 Pruebas de calidad en muestras
2.3.1.3 Análisis de reclamaciones de clientes
5. Y así sucesivamente ir profundizando cada vez más en cada sección, creando un manual completo para el proceso de abastecimiento guiado por el mapa general del esquema

En resumen para utilizar este patrón, debes seguir estos lineamientos en el prompt
Actúe como un ampliador de esquemas.
- Genere un esquema de viñetas basándose en la información que yo le facilite y luego pregúnteme qué viñeta debe ampliar.
- Cree un nuevo esquema para la viñeta que yo seleccione.

- Al final, pregúnteme qué viñeta debe ampliar a continuación.
- Pregúnteme qué debe esquematizar.

Patrón de Expansión de Esquema en Diseñar un Proyecto de Construcción de un Frigorífico

Cuando trabajamos en proyectos de abastecimiento y compras, a veces nos encontramos con limitaciones en la cantidad de información que podemos proporcionar a los modelos de lenguaje y en la cantidad de información que pueden generar. Esto puede ser un desafío al tratar de abordar proyectos complejos como la construcción de un frigorífico, donde se deben considerar múltiples aspectos como fuentes de abastecimiento, procedimientos de compras, evaluación de proveedores, contratación de personal de compras, control de importaciones y más.

Una forma efectiva de lidiar con estas limitaciones es **utilizar el Patrón de Expansión de Esquema**. Este patrón nos permite construir un esquema o estructura general del proyecto que estamos abordando, dividiéndolo en secciones o puntos clave. Luego, podemos expandir cada sección de manera individual y detallada, lo que nos permite trabajar dentro de las limitaciones del modelo de lenguaje y mantener el control sobre el proceso.

Pasos para Aplicar el Patrón:

1. **Construcción del Esquema:** Comience por crear un esquema general de su proyecto de abastecimiento y compras. Divida el proyecto en secciones clave o temas que deben ser abordados. Esto podría incluir categorías como "Fuentes de Abastecimiento", "Procedimientos de Compras", "Evaluación de Proveedores", "Personal de Compras", "Control de Importaciones", "Costos de Fletes", "Contratos con Proveedores Globales" y otras áreas relevantes.

2. **Expansión de Secciones:** Seleccione una sección del esquema que desee abordar en detalle y proporcione esa sección como entrada al modelo de lenguaje. Pida al modelo que expanda esa sección específica. Por ejemplo, podría decir: "Expanda la sección de 'Evaluación de Proveedores'".

3. **Generación de Detalles:** El modelo generará detalles y contenido específico relacionado con la sección seleccionada. Asegúrese de que los detalles sean cohesivos y relevantes para la sección en cuestión.

4. **Contexto Coherente:** Si es necesario, proporcione contexto coherente al modelo para que comprenda cómo se relacionan las diferentes secciones del proyecto. Puede referirse a otras secciones del esquema o utilizar referencias hacia adelante para indicar dónde se discutirán temas específicos en el futuro.

5. **Repita el Proceso:** Repita este proceso para cada sección del esquema que requiera expansión. Puede avanzar hacia arriba o hacia abajo en el nivel de detalle según sea necesario.

6. **Ensamble Final:** Una vez que haya expandido todas las secciones del esquema, tendrá una cantidad significativa de detalles y contenido que se ajusta a la estructura general del proyecto. Puede ensamblar estos detalles en un informe, documento o plan completo, asegurándose de que todo encaje en su lugar.

Este patrón le permite abordar proyectos complejos de abastecimiento y compras de manera efectiva, manteniendo el control sobre el proceso y trabajando dentro de las limitaciones del modelo de lenguaje. A medida que construye su proyecto paso a paso, el esquema actúa como una guía coherente para asegurarse de que todos los elementos encajen adecuadamente en el resultado final.

Otro ejemplo adaptado a un proyecto de una empresa que está en proceso de internalización

Apliquemos el patrón de esquema de expansión a un proyecto de venta de productos textiles en Estados Unidos a través de Amazon.

Proyecto de Venta de Productos Textiles en Estados Unidos a través de Amazon

1. **Introducción al Proyecto**

    1.1 Objetivo del Proyecto
    1.2 Alcance del Proyecto
    1.3 Descripción General del Proyecto
2. **Abastecimiento Estratégico de Insumos Textiles**

    2.1 Evaluación de Fuentes de Abastecimiento
    2.1.1 Identificación de Proveedores Locales
    2.1.2 Evaluación de Proveedores Globales
    2.2 Procedimiento de Compras
    2.2.1 Selección de Insumos Textiles
    2.2.2 Proceso de Adquisición
    2.3 Evaluación Continua de Proveedores
    2.3.1 Establecimiento de Métricas de Desempeño
    2.3.2 Monitoreo de Calidad y Cumplimiento
3. **Logística y Control de Importaciones**

    3.1 Costos de Fletes de Importación
    3.1.1 Análisis de Costos de Envío
    3.1.2 Optimización de Rutas
    3.2 Contratos con Proveedores Globales
    3.2.1 Negociación de Términos y Condiciones
    3.2.2 Seguimiento de Contratos
    3.3 Gestión de Inventarios

      3.3.1 Control de Stock de Insumos Textiles
      3.3.2 Planificación de Reposición
4. **Recursos Humanos y Capacitación**

    4.1 Contratación de Personal de Compras
    4.1.1 Perfil de los Compradores
    4.1.2 Entrevistas y Selección de Personal
    4.2 Capacitación Continua del Equipo
    4.2.1 Desarrollo de Habilidades de Compras
    4.2.2 Actualización en Normativas Aduaneras
5. **Gestión de Calidad y Control de Calidad**

    5.1 Inspección de Insumos Textiles
    5.1.1 Establecimiento de Criterios de Inspección
    5.1.2 Auditorías de Calidad en Proveedores
    5.2 Control de Calidad en la Producción
    5.2.1 Implementación de Procesos de Control
    5.2.2 Seguimiento de Defectos y No Conformidades
6. **Estrategias de Expansión y Crecimiento**

    6.1 Diversificación de Productos Textiles
    6.1.1 Identificación de Nuevas Oportunidades de Producto 6.1.2 Desarrollo de Líneas de Producto Adicionales
    6.2 Expandir Presencia en Plataformas de Comercio Electrónico
    6.2.1 Investigación de Nuevos Mercados en Amazon
    6.2.2 Estrategias de Marketing para el Crecimiento

Veamos detalladamente este ejemplo anterior utilizando Chat gpt 3.5:

Cuando no culmine el mansaje , debes poner CONTINUAR….en el prompt

You

1- Actúa como un ampliador de esquemas. Genera un esquema de viñetas basado en la entrada que proporcionare y luego pregúntame que viñeta debería ampliar. Crea un nuevo esquema para la viñeta que seleccione. Al final pregúntame que viñeta expandir a continuación. Pregúntame que esquematizar

ChatGPT

ChatGPT

¡Entendido! Por favor, indícame qué tema o información te gustaría esquematizar para comenzar el proceso.

You

Estamos trabajando en un proyecto de venta de productos textiles en Amazon, deseamos ir hacia la internacionalización. Vamos a aplicar este método de expansión de esquemas, para generar un esquema el proyecto. Queremos obtener una visión detallada sobre el esquema general del proyecto, centrándonos en los 6 puntos principales y sus sub-puntos que te comparto:.

1. Introducción al Proyecto
1.1 Objetivo del Proyecto
1.2 Alcance del Proyecto
1.3 Descripción General del Proyecto

2. Abastecimiento Estratégico de Insumos Textiles
2.1 Evaluación de Fuentes de Abastecimiento
2.1.1 Identificación de Proveedores Locales
2.1.2 Evaluación de Proveedores Globales
2.2 Procedimiento de Compras
2.2.1 Selección de Insumos Textiles
2.2.2 Proceso de Adquisición
2.3 Evaluación Continua de Proveedores
2.3.1 Establecimiento de Métricas de Desempeño
2.3.2 Monitoreo de Calidad y Cumplimiento

3. Logística y Control de Importaciones
3.1 Costos de Fletes de Importación
3.1.1 Análisis de Costos de Envío
3.1.2 Optimización de Rutas
3.2 Contratos con Proveedores Globales
3.2.1 Negociación de Términos y Condiciones
3.2.2 Seguimiento de Contratos
3.3 Gestión de Inventarios
3.3.1 Control de Stock de Insumos Textiles
3.3.2 Planificación de Reposición

4. Recursos Humanos y Capacitación
4.1 Contratación de Personal de Compras
4.1.1 Perfil de los Compradores
4.1.2 Entrevistas y Selección de Personal
4.2 Capacitación Continua del Equipo
4.2.1 Desarrollo de Habilidades de Compras
4.2.2 Actualización en Normativas Aduaneras

5. Gestión de Calidad y Control de Calidad
5.1 Inspección de Insumos Textiles
5.1.1 Establecimiento de Criterios de Inspección
5.1.2 Auditorías de Calidad en Proveedores
5.2 Control de Calidad en la Producción
5.2.1 Implementación de Procesos de Control
5.2.2 Seguimiento de Defectos y No Conformidades

6. Estrategias de Expansión y Crecimiento
6.1 Diversificación

de Productos Textiles 6.1.1 Identificación de Nuevas Oportunidades de Producto 6.1.2 Desarrollo de Líneas de Producto Adicionales 6.2 Expandir Presencia en Plataformas de Comercio Electrónico 6.2.1 Investigación de Nuevos Mercados en Amazon 6.2.2 Estrategias de Marketing para el Crecimiento

ChatGPT

ChatGPT

¡Entendido! A continuación, te presento el esquema basado en la información proporcionada:

1. **Introducción al Proyecto** 1.1 Objetivo del Proyecto - Establecer metas específicas para el proyecto de venta de productos textiles en Amazon.

1.2 Alcance del Proyecto - Definir los límites y la extensión del proyecto, incluyendo productos y regiones específicas.

1.3 Descripción General del Proyecto - Presentar una visión general del proyecto, resaltando características y propuestas de valor.

2. **Abastecimiento Estratégico de Insumos Textiles**

2.1 Evaluación de Fuentes de Abastecimiento - Identificación de Proveedores Locales y Evaluación de Proveedores Globales.

2.2 Procedimiento de Compras - Selección de Insumos Textiles y Proceso de Adquisición.

2.3 Evaluación Continua de Proveedores - Establecimiento de Métricas de Desempeño y Monitoreo de Calidad y Cumplimiento.

3. Logística y Control de Importaciones

3.1 Costos de Fletes de Importación - Análisis de Costos de Envío y Optimización de Rutas.

3.2 Contratos con Proveedores Globales - Negociación de Términos y Condiciones y Seguimiento de Contratos.

3.3 Gestión de Inventarios - Control de Stock de Insumos Textiles y Planificación de Reposición.

4. Recursos Humanos y Capacitación

4.1 Contratación de Personal de Compras - Perfil de los Compradores y Entrevistas y Selección de Personal.

4.2 Capacitación Continua del Equipo - Desarrollo de Habilidades de Compras y Actualización en Normativas Aduaneras.

5. Gestión de Calidad y Control de Calidad

5.1 Inspección de Insumos Textiles - Establecimiento de Criterios de Inspección y Auditorías de Calidad en Proveedores.

5.2 Control de Calidad en la Producción - Implementación de Procesos de Control y Seguimiento de Defectos y No Conformidades.

6. Estrategias de Expansión y Crecimiento

6.1 Diversificación de Productos Textiles - Identificación de Nuevas Oportunidades de Producto y Desarrollo de Líneas de Producto Adicionales.

6.2 Expandir Presencia en Plataformas de Comercio Electrónico - Investigación de Nuevos Mercados en Amazon y Estrategias de Marketing para el Crecimiento.

Ahora, por favor, elige una de las viñetas o subviñetas (por ejemplo, "1.1 Objetivo del Proyecto") para que pueda expandirla y proporcionarte más detalles. ¿Cuál te gustaría explorar en profundidad?

M
You
Ampliemos la sección 3: "3. Logística y Control de Importaciones" con lo puntos y sub puntos que consideres necesarios para que sea completo exhaustivo y considera todos los puntos de internalización adecuados

ChatGPT
ChatGPT
3. Logística y Control de Importaciones

3.1 Costos de Fletes de Importación

 3.1.1 Análisis de Costos de Envío - Evaluar los costos asociados al transporte internacional de productos textiles.

 3.1.2 Optimización de Rutas - Buscar vías más eficientes para minimizar los costos de fletes.

3.2 Contratos con Proveedores Globales

3.2.1 Negociación de Términos y Condiciones - Definir claramente los términos de transporte, plazos de entrega y responsabilidades.

3.2.2 Seguimiento de Contratos - Establecer un sistema de seguimiento para garantizar el cumplimiento de los acuerdos.

3.3 Gestión de Inventarios

3.3.1 Control de Stock de Insumos Textiles - Implementar un sistema robusto para monitorear y gestionar el inventario de productos textiles.

3.3.2 Planificación de Reposición - Desarrollar estrategias para garantizar un flujo constante de insumos y evitar interrupciones en la producción.

3.4 Cumplimiento Aduanero

3.4.1 Conformidad con Normativas Aduaneras - Garantizar el cumplimiento de las regulaciones aduaneras tanto en el país de origen como en el de destino.

3.4.2 Gestión de Documentación Aduanera - Establecer un sistema eficiente para la preparación y presentación de la documentación necesaria para el despacho aduanero.

3.5 Seguro de Carga y Riesgos

3.5.1 Cobertura de Seguro - Evaluar y adquirir un seguro adecuado para cubrir posibles pérdidas o daños durante el transporte.

3.5.2 Análisis de Riesgos - Identificar y mitigar los riesgos asociados al transporte internacional de productos textiles.

3.6 Eficiencia en Almacenamiento

3.6.1 Diseño de Almacenes - Optimizar el diseño de los almacenes para facilitar el almacenamiento y la recuperación eficientes de productos textiles.

3.6.2 Tecnologías de Gestión de Almacenes - Implementar tecnologías que mejoren la visibilidad y gestión del inventario en los almacenes.

Este es un esquema ampliado de la sección "3. Logística y Control de Importaciones". Ahora, ¿te gustaría ampliar alguna subviñeta en particular o pasar a la siguiente sección del esquema?

M
You
Ampliemos 3.1 con sus sub puntos necesarios

ChatGPT
ChatGPT
3.1 Costos de Fletes de Importación

3.1.1 **Análisis de Costos de Envío** - Evaluar los costos directos e indirectos asociados al transporte internacional de productos textiles. - Desglosar los componentes del costo, incluyendo tarifas de transporte, tarifas portuarias, tarifas aduaneras y otros cargos relacionados. - Realizar comparativas entre diferentes proveedores de servicios logísticos para obtener las tarifas más competitivas.

3.1.2 **Optimización de Rutas** - Identificar rutas de transporte eficientes y rentables para minimizar los costos y los tiempos de entrega. - Considerar la opción de transporte multimodal para combinar distintos modos de transporte (marítimo, terrestre, aéreo) de manera óptima. - Utilizar tecnologías de optimización de rutas para mejorar la planificación y la eficiencia del transporte.

3.1.3 **Evaluación de Incoterms** - Seleccionar los Incoterms adecuados que determinen las responsabilidades y costos entre el vendedor y el comprador durante el transporte. - Considerar la negociación de los términos de entrega para maximizar beneficios y minimizar costos.

3.1.4 **Análisis de Tendencias de Costos** - Monitorear las tendencias del mercado y los cambios en los costos de transporte internacional. - Establecer sistemas de alerta temprana para adaptarse a posibles fluctuaciones en los costos y tomar decisiones informadas.

3.1.5 **Estrategias de Consolidación de Cargas** - Explorar oportunidades para consolidar cargas y reducir los costos de transporte mediante la agrupación de envíos. - Negociar acuerdos con proveedores logísticos que ofrezcan opciones de consolidación rentables.

Este es un esquema ampliado de la subviñeta "3.1 Costos de Fletes de Importación". ¿Te gustaría expandir más alguna subviñeta o abordar otra sección del esquema?

M
You
Ampliemos 3.1.1 con sus subpuntos

ChatGPT
ChatGPT
3.1.1 Análisis de Costos de Envío

3.1.1.1 **Tarifas de Transporte** - Desglosar las tarifas de transporte asociadas a la carga de productos textiles. - Identificar tarifas base, tarifas por peso, y posibles cargos adicionales.

3.1.1.2 Tarifas Portuarias - Evaluar las tarifas portuarias que se aplican en los puntos de origen y destino. - Considerar costos relacionados con el manejo y almacenamiento en el puerto.

3.1.1.3 Tarifas Aduaneras - Analizar las tarifas aduaneras que podrían aplicarse durante el proceso de importación. - Conocer los aranceles y gravámenes asociados a la importación de productos textiles.

3.1.1.4 Seguro de Carga - Calcular los costos asociados a la contratación de seguros para cubrir posibles pérdidas o daños durante el transporte. - Comparar diferentes opciones de seguros para garantizar una cobertura adecuada.

3.1.1.5 Costos de Almacenamiento Temporal - Evaluar los costos relacionados con el almacenamiento temporal de productos textiles en el destino. - Considerar tarifas de almacenamiento en almacenes o depósitos aduaneros.

3.1.1.6 Cargos Adicionales - Identificar y analizar posibles cargos adicionales, como cargos de manipulación, inspecciones aduaneras, y otros costos imprevistos. - Establecer un fondo de contingencia para hacer frente a costos inesperados.

Este es un esquema ampliado de la subviñeta "3.1.1 Análisis de Costos de Envío". ¿Deseas profundizar en algún subpunto específico o abordar otra sección del esquema?

Fin del ejemplo práctico con Chatgpt

Patrón de Acciones del Menú

El "Patrón de Acciones del Menú" es una herramienta muy útil que nos permite definir una serie de acciones que podemos aplicar en una conversación sin tener que repetir largas instrucciones. Esto es similar a tener un menú de opciones en un software en el que podemos seleccionar una acción específica. Para utilizar este patrón, tu indicador debe hacer las siguientes afirmaciones contextuales fundamentales:

- Siempre que escriba X, usted hará Y.

- (Opcional, proporcione elementos de menú adicionales) Siempre que yo escriba Z, ustedes harán Q.

- Al final, me preguntará por la siguiente acción.

Este patrón es muy útil en relación al patrón anteriormente visto, veamos un ejemplo con el plan de internacionalización visto:

Veamos un ejemplo del patrón acciones del menú aplicando ChatGpt 3.5

You

acciones: - Escribir - Expandir

Reglas de acción escribir 6.2: - Escribe un detalle ampliado de la estrategia para expandir la presencia en plataformas de comercio electrónico (6.2).

expandir 6.2: - Expande la estrategia para expandir la presencia en plataformas de comercio electrónico (6.2).

ChatGPT

ChatGPT

Perfecto, ahora estamos listos. ¿Te gustaría realizar alguna acción específica, como "escribir 6.2" o "expandir 6.2"?

You

Escribir 6.2

ChatGPT

ChatGPT

La estrategia para expandir la presencia en plataformas de comercio electrónico (6.2) se centra en aprovechar al máximo las oportunidades ofrecidas por Amazon en mercados internacionales. Este proceso implica una investigación exhaustiva y la adaptación a diversos mercados disponibles en la plataforma. Aquí se presenta un detalle ampliado de los aspectos clave:

La investigación de nuevos mercados en Amazon implica explorar las diferentes opciones internacionales disponibles en la plataforma y analizar la demanda y competencia en cada mercado objetivo. Se establecen criterios específicos para seleccionar los mercados con mayor potencial de crecimiento. Además, se investigan las regulaciones y requisitos específicos de cada mercado, incluyendo aspectos relacionados con la importación y el comercio electrónico.

Por otro lado, las estrategias de marketing para el crecimiento se enfocan en el desarrollo de tácticas publicitarias y promociones adaptadas a cada mercado. Se busca adaptar el enfoque de marketing a las preferencias culturales y de compra de los nuevos mercados, implementando estrategias de SEO localizado para mejorar la visibilidad en los motores de búsqueda de cada región. También se considera la implementación de programas de fidelización y descuentos personalizados para incentivar la lealtad del cliente en cada mercado.

Esta estrategia integral busca no solo expandir la presencia en nuevos mercados sino también adaptarse y ofrecer experiencias personalizadas para maximizar el éxito en cada región.

¿Hay algún aspecto específico dentro de esta estrategia que te gustaría profundizar o modificar?

M
You
Expandir 6.2

ChatGPT

ChatGPT
6.2 Expandir Presencia en Plataformas de Comercio Electrónico

Investigación de Nuevos Mercados en Amazon

- **Explorar diferentes mercados internacionales:**
- La investigación comienza identificando los mercados disponibles en la plataforma de Amazon fuera del mercado local.
- **Analizar la demanda y competencia:**
- Evaluar la demanda de productos textiles en cada mercado objetivo y analizar la competencia existente para entender el panorama.
- **Establecer criterios de selección:**
- Definir criterios específicos para seleccionar los mercados con mayor potencial de crecimiento, considerando factores como la demanda del producto y la competencia.
- **Investigar regulaciones y requisitos:**
- Cada mercado puede tener regulaciones y requisitos específicos para la importación y el comercio electrónico. Es crucial comprender y cumplir con estas normativas.
- **Evaluar preferencias de pago y métodos de envío:**
- Adaptar las opciones de pago y los métodos de envío a las preferencias de los consumidores en cada región, mejorando la experiencia del cliente.

Estrategias de Marketing para el Crecimiento

- **Desarrollar estrategias específicas:**
- Crear estrategias de marketing adaptadas a cada mercado, considerando aspectos culturales y preferencias de compra.
- **Incluir tácticas publicitarias y promociones:**
- Implementar campañas publicitarias efectivas y promociones atractivas para aumentar la visibilidad y la participación del cliente.
- **Adaptar el enfoque de marketing:**

- Ajustar el enfoque de marketing para alinearse con las preferencias culturales y de compra de los nuevos mercados, garantizando una conexión más efectiva con los consumidores.
- **Implementar estrategias de SEO localizado:**
- Mejorar la visibilidad en los motores de búsqueda mediante la implementación de estrategias de SEO localizado, teniendo en cuenta las particularidades de cada región.
- **Establecer programas de fidelización y descuentos:**
- Implementar programas de fidelización y descuentos personalizados para incentivar la lealtad del cliente en cada mercado.

Esta estrategia integral busca no solo expandir la presencia en nuevos mercados, sino también adaptarse y ofrecer experiencias personalizadas para maximizar el éxito en cada región.

¿Hay algún sub-punto específico que te gustaría explorar más o alguna otra acción que te gustaría realizar?

Patrón de la lista de comprobación de hechos

Este patrón, conocido como "Patrón de la lista de comprobación de hechos," es extremadamente útil para asegurarnos de que la información proporcionada por modelos de lenguaje como ChatGPT sea precisa y verificable en el contexto del abastecimiento y las compras. Aquí está cómo podemos aplicarlo:

Para utilizar este patrón, su indicador debe hacer las siguientes afirmaciones contextuales fundamentales:

- Generar un conjunto de hechos que estén contenidos en la salida

- El conjunto de hechos debe insertarse en POSICIÓN en la salida

- El conjunto de hechos deben ser los hechos fundamentales que podrían socavar la veracidad de la salida si alguno de ellos es incorrecto

Deberá sustituir POSITION por un lugar apropiado para colocar los hechos, como "al final de la salida".

Veamos un ejemplo del patrón en una situación de internacionalización por medio de Amazon y apliquemos ChatGpt 3.5:

You
Siempre que genere texto, genere un conjunto de hechos que estén contenidos en la salida El conjunto de hechos debe insertarse al final del resultado. El conjunto de hechos debe ser los hechos fundamentales que podrían socavar la veracidad del resultado si alguno de ellos fuera incorrecto

ChatGPT
ChatGPT
Entendido. En futuras respuestas, incluiré un conjunto de hechos fundamentales al final del resultado para proporcionar claridad sobre la base de la información proporcionada. Si en algún momento tienes dudas sobre algún hecho específico, no dudes en preguntar para obtener más detalles o aclaraciones. ¿Hay algo más en lo que pueda ayudarte?

You
Escribir 6.2

ChatGPT
ChatGPT

La estrategia para expandir la presencia en plataformas de comercio electrónico (6.2) se centra en aprovechar al máximo las oportunidades ofrecidas por Amazon en mercados internacionales. Este proceso implica una investigación exhaustiva y la adaptación a diversos mercados disponibles en la plataforma. Aquí se presenta un detalle ampliado de los aspectos clave:

La investigación de nuevos mercados en Amazon implica explorar las diferentes opciones internacionales disponibles en la plataforma y analizar la demanda y competencia en cada mercado objetivo. Se establecen criterios específicos para seleccionar los mercados con mayor potencial de crecimiento. Además, se investigan las regulaciones y requisitos específicos de cada mercado, incluyendo aspectos relacionados con la importación y el comercio electrónico.

Por otro lado, las estrategias de marketing para el crecimiento se enfocan en el desarrollo de tácticas publicitarias y promociones adaptadas a cada mercado. Se busca adaptar el enfoque de marketing a las preferencias culturales y de compra de los nuevos mercados, implementando estrategias de SEO localizado para mejorar la visibilidad en los motores de búsqueda de cada región. También se considera la implementación de programas de fidelización y descuentos personalizados para incentivar la lealtad del cliente en cada mercado.

Conjunto de Hechos Fundamentales:

1. La estrategia se enfoca en expandir la presencia en plataformas de comercio electrónico, específicamente en Amazon.

2. La investigación de nuevos mercados implica explorar opciones internacionales, analizando demanda, competencia y estableciendo criterios de selección.
3. Se consideran las regulaciones y requisitos específicos de cada mercado, incluyendo aspectos de importación y comercio electrónico.
4. Las estrategias de marketing buscan adaptarse a las preferencias culturales, incluyendo tácticas publicitarias, promociones y SEO localizado.
5. Se contempla la implementación de programas de fidelización y descuentos personalizados para incentivar la lealtad del cliente.

¿Hay algún aspecto específico dentro de esta estrategia que te gustaría profundizar o modificar?

Patrón de filtro semántico

El "Patrón de Filtro Semántico" es una herramienta valiosa que puede ayudar a eliminar o retener información específica en un texto, basándose en reglas semánticas o significados específicos. El patrón funciona proporcionando al modelo de lenguaje un conjunto de reglas semánticas que deben cumplir los resultados. El patrón se puede utilizar para una variedad de propósitos, incluyendo:

- Eliminar información confidencial
- Eliminar información redundante
- Eliminar información que no sea relevante para un tema específico.
- El modelo de lenguaje también se utiliza para reescribir.

Este patrón puede ser subjetivo. Lo que una persona considera información confidencial puede no serlo para otra persona

> Para utilizar este patrón, tu indicador debe hacer las siguientes declaraciones contextuales fundamentales:
> - Filtre esta información para eliminar X
>
> Deberá sustituir "X" por una definición adecuada de lo que desea eliminar, como por ejemplo "nombres y fechas" o "costes superiores a 100 dólares".

Ejemplo:
- Filtre esta información para eliminar cualquier información de identificación personal o información que pueda ser potencialmente utilizada para reidentificar a la persona.

En el contexto de abastecimiento y compras, este patrón podría utilizarse, por ejemplo, para filtrar información confidencial de documentos o contratos, o para eliminar datos sensibles antes de compartir información con otros.

Usuario: Hola, necesito ayuda para revisar un contrato de suministro antes de compartirlo con un proveedor. Quiero asegurarme de que no haya información confidencial que pueda exponernos.

ChatGPT: Por supuesto, puedo ayudarte a revisar el contrato y eliminar cualquier información confidencial. Por favor, proporciona el texto del contrato o indícame las secciones que te preocupan.

Patrón de Filtro Semántico: "Por favor, filtra el contrato para eliminar cualquier información confidencial, como números de seguridad social, datos bancarios o cualquier otra información sensible que pueda exponernos legalmente. Asegúrate de mantener la integridad del texto restante."

En este ejemplo, el usuario utiliza el patrón de filtro semántico para indicar claramente que desea eliminar información confidencial del contrato sin cambiar el contexto o el significado del texto restante.

Usuario: Aquí tienes el contrato. Por favor, elimina cualquier información confidencial.

Luego, el usuario proporcionaría el contrato y ChatGPT utilizaría las reglas semánticas establecidas en el patrón para eliminar cualquier información confidencial. El resultado sería el contrato revisado y limpio de datos sensibles.

Este patrón puede aplicarse en diversas situaciones, como revisión de documentos legales, redacción de informes o eliminación de datos confidenciales antes de compartir información con terceros. Es importante recordar que, aunque este patrón puede ser útil, siempre se debe realizar una revisión final por parte de un experto humano para garantizar la precisión y la integridad del texto resultante

. En este ejemplo, supongamos que un usuario tiene un contrato que contiene información confidencial que desea eliminar antes de compartirlo con otros. Aquí está el proceso:

Paso 1: Usuario solicita ayuda a ChatGPT Usuario: Hola ChatGPT, tengo un contrato y necesito eliminar la información confidencial antes de compartirlo. ¿Puedes ayudarme a hacerlo?

Paso 2: Usuario comparte el contrato El usuario podría copiar y pegar el contenido completo del contrato en la conversación con ChatGPT o proporcionar una breve descripción del tipo de información que necesita filtrar.

Usuario: Aquí está el contrato que quiero modificar. Contiene información confidencial como nombres, direcciones y números de identificación que necesito eliminar.

Paso 3: ChatGPT comprende la solicitud ChatGPT: Gracias por proporcionar el contrato. Entiendo que deseas eliminar información confidencial, como nombres, direcciones y números de identificación. Voy a ayudarte con eso.

Paso 4: ChatGPT inicia el proceso de filtrado ChatGPT procesa el texto del contrato y busca patrones de información que coincidan con nombres, direcciones y números de identificación. Luego, genera una versión modificada del contrato sin esa información.

Paso 5: ChatGPT muestra el contrato modificado ChatGPT: Aquí está la versión modificada del contrato sin la información confidencial que mencionaste. Puedes revisarlo y confirmar si es lo que necesitas.

[Contrato modificado]

Paso 6: Usuario revisa el contrato El usuario revisa la versión modificada del contrato para asegurarse de que la información confidencial se haya eliminado correctamente.

Paso 7: Usuario da retroalimentación Usuario: Gracias, ChatGPT, esto se ve genial. Has eliminado toda la información confidencial de manera efectiva. Estoy listo para compartir este contrato ahora.

Paso 8: Usuario guarda el contrato El usuario guarda la versión modificada del contrato en su sistema o dispositivo.

Este proceso muestra cómo ChatGPT puede ayudar al usuario a filtrar información confidencial de un contrato de manera eficiente y precisa.

Veamos un ejemplo del patrón de filtro semántico aplicando ChatGpt 3.5

M
You

Entre ACEROS CARLITOS INDUSTRIA ARGENTINA DE ACEROS S.A. (en adelante "ACEROS CARLITOS"), con domicilio en Carlos María Della Paolera nº 226, primer piso, de la ciudad de Buenos Aires, representada en este acto por los señores Jorge Nicolás Videla y Jorge Villalonga, por una parte, y AUTOPISTAS EXTRAORDINARIAS S.A. (en adelante, "EL CLIENTE"), con domicilio en 26 DE Mayo nº 55, sexto piso, de la ciudad de Buenos Aires, representada en este acto por los señores .... y ...., por la otra parte, y CONSIDERANDO 1. Que por medio de licitación pública adjudicada por decreto del Poder Ejecutivo Nacional, EL CLIENTE ha obtenido la autorización para la construcción, remodelación, conservación y explotación de la denominada "Obra Acceso Norte de la Ciudad de Buenos Aires, Ramales a Pilar, Garín y Tigre y Ampliación Av. Gral. Paz" ; 2. Que ACEROS CARLITOS reviste el carácter de principal productor de aceros no planos de la República Argentina, lo que comprende la fabricación de hierro para la construcción en cualesquiera de sus modalidades ; 3. Que con el propósito de dar cumplimiento a lo manifestado en el considerando 1., supra, es intención de EL CLIENTE adquirir de ACEROS CARLITOS la totalidad del respectivo hierro para la construcción -bajo la modalidad denominada como "cortado y doblado" o simplemente en barras- contando con la razonable seguridad de que ACEROS CARLITOS le proveerá dicho material durante el período de tiempo que dure la obra (en adelante, "La Obra") y hasta la culminación de aquélla ; 4. Que ACEROS CARLITOS desea revestir el carácter de proveedor exclusivo de EL CLIENTE del hierro de construcción mencionado en el considerando anterior (en adelante, el "Hierro de Construcción") lo que EL CLIENTE desea consentir en forma expresa ; 5. Que ACEROS CARLITOS y EL CLIENTE desean mantener una estable y fecunda relación comercial que resulte caracterizada por un clima de total entendimiento mutuo ; Por ello las partes antes mencionadas (en adelante, "LAS PARTES") CONVIENEN CLÁUSULA PRIMERA Durante la realización de La Obra ACEROS CARLITOS proveerá a El CLIENTE el Hierro de Construcción que éste le solicite dentro de las cantidades y calidades a ser detalladas en las respectivas especificaciones técnicas y mediciones a acordarse oportunamente por LAS PARTES en cada una de las respectivas notas de pedido ("las Notas de Pedido") que envíe EL CLIENTE a ACEROS CARLITOS. En el caso particular del Hierro de Construcción bajo la modalidad de "cortado y doblado" (en adelante, el hierro "cortado y doblado"), las Notas de Pedido harán alusión a las planillas de cortado y doblado que se adjuntan al presente como Anexo ..., ello conforme el respectivo diseño que ACEROS CARLITOS realizará en favor de EL CLIENTE. LAS PARTES acuerdan que al hacerse referencia a EL CLIENTE o a ACEROS CARLITOS se comprende a cualquier otra empresa controlada por, y/o vinculada con aquéllas. CLÁUSULA SEGUNDA El CLIENTE presta su conformidad expresa para con la oferta de precio remitida oportunamente por ACEROS CARLITOS y adjunta al presente convenio como Anexo ..., y asume la obligación de comprarle en forma exclusiva a ésta la totalidad del Hierro de Construcción para hormigón armado a utilizar en La Obra conforme las cantidades estimadas en la cláusula tercera, infra. LAS PARTES acuerdan en forma expresa que para el caso de una hipotética variación de precios y/o costos, los nuevos valores del Hierro de Construcción -en cualesquiera de sus modalidades- de que trata el presente convenio no excederán el mejor precio obtenible en el radio de la ciudad de Buenos Aires y hasta cien (100) kilómetros a la redonda. CLÁUSULA TERCERA LAS PARTES estiman que la cantidad de Hierro de Construcción que demandará La Obra será de aproximadamente de entre doce mil (12,000) y hasta quince mil (15,000) toneladas de acero, las cuales deberán proveerse por ACEROS CARLITOS a EL CLIENTE dentro de los aproximadamente dieciocho (18) meses que durará La Obra, los cuales se contarán a partir del mes de Septiembre de 1994, fecha ésta estimada para su comienzo.

ChatGPT

ChatGPT

Aquí está el texto sin información confidencial específica:

CONVENIO de

Entre [NOMBRE DE LA EMPRESA A], con domicilio en [DIRECCIÓN DE LA EMPRESA A], representada en este acto por [NOMBRE DEL REPRESENTANTE A], por una parte, y [NOMBRE DE LA EMPRESA B], con domicilio en [DIRECCIÓN DE LA EMPRESA B], representada en este acto por [NOMBRE DEL REPRESENTANTE B], por la otra parte, y

CONSIDERANDO

1. Que por medio de licitación pública adjudicada por decreto del Poder Ejecutivo Nacional, [NOMBRE DE LA EMPRESA B] ha obtenido la autorización para la construcción, remodelación, conservación y explotación de la denominada "Obra Acceso Norte de la Ciudad de Buenos Aires, Ramales a Pilar, Garín y Tigre y Ampliación Av. Gral. Paz".
2. Que [NOMBRE DE LA EMPRESA A] reviste el carácter de principal productor de aceros no planos de la República Argentina, lo que comprende la fabricación de hierro para la construcción en cualesquiera de sus modalidades.
3. Que con el propósito de dar cumplimiento a lo manifestado en el considerando 1., supra, es intención de [NOMBRE DE LA EMPRESA B] adquirir de [NOMBRE DE LA EMPRESA A] la totalidad del respectivo hierro para la construcción -bajo la modalidad denominada como "cortado y doblado" o simplemente en barras- contando con la razonable seguridad de que [NOMBRE DE LA EMPRESA A] le proveerá dicho material durante el período de tiempo que dure la obra (en adelante, "La Obra") y hasta la culminación de aquélla.
4. Que [NOMBRE DE LA EMPRESA A] desea revestir el carácter de proveedor exclusivo de [NOMBRE DE LA EMPRESA B] del hierro de construcción mencionado en el considerando anterior (en adelante, el "Hierro de

Construcción") lo que [NOMBRE DE LA EMPRESA B] desea consentir en forma expresa.

5. Que [NOMBRE DE LA EMPRESA A] y [NOMBRE DE LA EMPRESA B] desean mantener una estable y fecunda relación comercial que resulte caracterizada por un clima de total entendimiento mutuo.

Por ello las partes antes mencionadas (en adelante, "LAS PARTES")

CONVIENEN

CLÁUSULA PRIMERA

Durante la realización de La Obra [NOMBRE DE LA EMPRESA A] proveerá a [NOMBRE DE LA EMPRESA B] el Hierro de Construcción que éste le solicite dentro de las cantidades y calidades a ser detalladas en las respectivas especificaciones técnicas y mediciones a acordarse oportunamente por LAS PARTES en cada una de las respectivas notas de pedido ("las Notas de Pedido") que envíe [NOMBRE DE LA EMPRESA B] a [NOMBRE DE LA EMPRESA A].

En el caso particular del Hierro de Construcción bajo la modalidad de "cortado y doblado" (en adelante, el hierro "cortado y doblado"), las Notas de Pedido harán alusión a las planillas de cortado y doblado que se adjuntan al presente como Anexo ..., ello conforme el respectivo diseño que [NOMBRE DE LA EMPRESA A] realizará en favor de [NOMBRE DE LA EMPRESA B].

LAS PARTES acuerdan que al hacerse referencia a [NOMBRE DE LA EMPRESA B] o a [NOMBRE DE LA EMPRESA A] se comprende a cualquier otra empresa controlada por, y/o vinculada con aquéllas.

CLÁUSULA SEGUNDA

[NOMBRE DE LA EMPRESA B] presta su conformidad expresa para con la oferta de precio remitida oportunamente por [NOMBRE DE LA EMPRESA A] y adjunta al presente convenio como Anexo ..., y asume la obligación de comprarle en forma exclusiva a ésta la totalidad del Hierro de Construcción para hormigón armado a utilizar en La Obra conforme las cantidades estimadas en la cláusula tercera, infra.

LAS PARTES acuerdan en forma expresa que para el caso de una hipotética variación de precios y/o costos, los nuevos valores del Hierro de Construcción -en cualesquiera de sus modalidades- de que trata el presente convenio no excederán el mejor precio obtenible en el radio de la ciudad de Buenos Aires y hasta cien (100) kilómetros a la redonda.

CLÁUSULA TERCERA

LAS PARTES estiman que la cantidad de Hierro de Construcción que demandará La Obra será de aproximadamente de entre doce mil (12,000) y hasta quince mil (15,000) toneladas de acero, las cuales deberán proveerse por [NOMBRE DE LA EMPRESA A] a [NOMBRE DE LA EMPRESA B] dentro de los aproximadamente dieciocho (18) meses que durará La Obra, los cuales se contarán a partir del mes de Septiembre de 1994, fecha ésta estimada para su comienzo.

Espero que esta versión sea de utilidad. Recuerda revisarla detenidamente para asegurarte de que cumple con tus necesidades y requisitos específicos.

www.ingramcontent.com/pod-product-compliance
Lightning Source LLC
Chambersburg PA
CBHW052140220526
45471CB00004B/1462